IN MEMORIAM SOUSA FRANCO

IN MEMORIAM SOUSA FRANCO

Homenagem promovida pela
Associação Fiscal Portuguesa

ALMEDINA

IN MEMORIAM SOUSA FRANCO

AUTOR
ASSOCIAÇÃO FISCAL POTUGUESA

EDITOR
EDIÇÕES ALMEDINA SA
Rua da Estrela, n.º 6
3000-161 Coimbra
Telef.: 239 851 905
Fax: 239 851 901
www.almedina.net
editora@almedina.net

EXECUÇÃO GRÁFICA
G.C. – GRÁFICA DE COIMBRA, LDA.
Palheira – Assafarge
3001-453 Coimbra
producao@graficadecoimbra.pt

Março 2005

DEPÓSITO LEGAL
224185/05

Toda a reprodução desta obra, por fotocópia ou outro qualquer processo,
sem prévia autorização escrita do Editor,
é ilícita e passível de procedimento judicial contra o infractor.

HOMENAGEM DA ASSOCIAÇÃO FISCAL PORTUGUESA AO PROFESSOR DOUTOR ANTÓNIO DE SOUSA FRANCO

29 de Setembro de 2004

MESA DE HONRA:

S. Ex.ª o Presidente da Assembleia da República,
Dr. João Bosco Mota Amaral
Engenheiro António Guterres
Presidente da Associação Fiscal Portuguesa,
Professor Doutor Eduardo Paz Ferreira
Presidente da Associação Comercial de Lisboa,
Dr. João Mendes de Almeida
Reitor da Universidade de Lisboa,
Professor Doutor José Barata Moura
Reitor da Universidade Católica Portuguesa,
Professor Doutor Manuel Braga da Cruz
Presidente do Conselho Directivo da Faculdade de Direito de Lisboa,
Professor Doutor Paulo Otero
Presidente da Associação Académica da Faculdade de Direito de Lisboa,
Sr. Germano Amorim

INTERVENÇÕES:

Professor Doutor Pedro Soares Martinez
(*A Formação Universitária*)
Professor Doutor Jorge Miranda
(*O Professor*)
Professor Doutor Paulo de Pitta e Cunha
(*O Cultor das Ciências Juridico-Económicas*)
Dr. António Carlos dos Santos
(*O Fiscalista*)
Dr. Guilherme d'Oliveira Martins
(*O Político e o Governante*)

Conselheiro Presidente Dr. Alfredo José de Sousa
(*O Juiz*)
Dr. José Miguel Júdice
(*O Advogado*)
Dr. Francisco Pinto Balsemão
(*A Intervenção na Imprensa*)
Professor Doutor Manuel Lopes Porto
(*O Humanista*)
Padre Luís França
(*A Intervenção Social*)

NOTA PRÉVIA

Reúnem-se, no presente volume, as intervenções proferidas na cerimónia de homenagem da Associação Fiscal Portuguesa ao Professor Doutor António Luciano de Sousa Franco, efectuada em 29 de Setembro de 2004.

Trata-se de um conjunto vasto de tributos que, entre a emoção e o rigor da evocação, ajudam a melhor compreender o percurso de um cidadão exemplar a quem o país tanto ficou a dever.

A Direcção da Associação Fiscal Portuguesa está convicta de que a sociedade portuguesa e a Universidade irão encontrar muitas formas de homenagear a memória do Professor Sousa Franco, mas não quis, no entanto, deixar de contribuir para essa tarefa, manifestando a sua profunda admiração pela obra e pelo exemplo daquele Professor e Estadista de excepção.

À Livraria Almedina, editora de uma parte substancial da sua obra, cabe uma palavra de agradecimento por se ter disponibilizado a publicar o presente volume.

Lisboa, Janeiro de 2005

EDUARDO PAZ FERREIRA
Presidente da Associação Fiscal Portuguesa

INTERVENÇÃO DO PRESIDENTE DA ASSEMBLEIA DA REPÚBLICA, DR. JOÃO BOSCO MOTA AMARAL

Minhas Senhoras
e Meus Senhores:

O simples facto de hoje aqui nos reunirmos, por louvável iniciativa da Associação Fiscal Portuguesa, para falarmos, com demorado pormenor, acerca de variadíssimos aspectos da vida e obra de António Luciano Sousa Franco, bruscamente falecido nos começos do verão passado, testemunha, sem margem para dúvidas, a admiração que ele despertava e a falta que dele sentimos, os que foram seus amigos e, talvez sem se dar conta, a sociedade portuguesa em geral.

O programa anunciava três horas de intervenções, a proferir por ilustres conferencistas. Respeitados os limites de tempo fixados, o que, não sendo de prever, é deveras admirável, podemos todos concluir agora que o tema não foi esgotado e ainda ficou muito por dizer... Tão rica, tão polifacetada, tão agraciada de excelentes dons era a personalidade de António Luciano Sousa Franco!

Senhor de uma inteligência fulgurante, aliada a infatigável capacidade de trabalho e alto sentido de responsabilidade; com uma carreira académica e profissional a todos os títulos notável para não dizer absolutamente arrasadora; com uma intervenção cívica e política diversificada, cheia de paixão e de coragem; com uma afectividade e um bom humor transbordantes, resguardados para a Família e para os amigos; com uma intensa vida de fé cristã, esclarecida e vibrante — António Luciano Sousa Franco marcou a sua geração e deixa um rasto profundo entre nós.

Devemos-lhe o culto da memória, que derrota o esquecimento e até triunfa sobre a morte. Ajuda-nos nisso a sua valiosa obra escrita, de carácter científico e doutrinário. E também muito a indelével impressão da sua imagem derradeira, tombando em cívico combate, por ideais altruístas, de serviço à Pátria e à Humanidade.

Atingido pelo infortúnio, no limiar da vitória, António Luciano Sousa Franco recebe, no coração daqueles que o estimam, a coroa e a honra dos heróis.

INTERVENÇÃO DO PRESIDENTE
DA ASSOCIAÇÃO COMERCIAL DE LISBOA
DR. JOÃO MENDES DE ALMEIDA

Em nome da Associação Comercial de Lisboa – Câmara de Comércio e Indústria Portuguesa e do Centro de Arbitragem Comercial permitam-me que lhes dê as boas vindas a esta casa, onde o homenageado exerceu cargo de relevo.

Foi nos anos de 1994 e 1995 que o Professor Sousa Franco, ao tempo também Presidente do Tribunal de Contas, nos deu a subida honra de presidir ao Centro de Arbitragem Comercial.

Foi o primeiro Presidente no figurino – que ainda hoje vigora – que teve início naquele ano de 1994 e no qual o Presidente deixou de ser pessoa vinculada às Associações que integram o Centro de Arbitragem Comercial para passar a ser uma personalidade **independente**, de reconhecido **mérito** e **idoneidade.**

Os requisitos estatutários e o seu Presidente constituíram uma perfeita união: aqueles eram o que o Professor Sousa Franco sempre foi: uma personalidade independente, de méritos e idoneidade reconhecidos por todos.

Por isso mesmo, é da mais elementar justiça que o Centro de Arbitragem Comercial preste uma sentida homenagem à sua memória.

E permitam-me que termine com uma citação:

"As instituições só ganham – e ganham sempre – se lembrarem os homens que mais as serviram, como sinal de gratidão, exemplo e incentivo para os que prosseguem a caminhada e hão-de continuar a obra comum"

Estas palavras foram proferidas num encontro com membros da lista de árbitros do Centro de Arbitragem Comercial, teve lugar nesta sala em 24 de Novembro de 1994.

Seu autor: ANTÓNIO DE SOUSA FRANCO.

INTERVENÇÃO DO PRESIDENTE
DA ASSOCIAÇÃO FISCAL PORTUGUESA,
PROFESSOR DOUTOR EDUARDO PAZ FERREIRA

Estamos aqui hoje reunidos para evocar a memória de António Luciano de Sousa Franco e partilhar os profundos sentimentos e intensas emoções que a mesma nos continua a provocar.

A morte de António de Sousa Franco, ocorrida num momento em que tanto havia ainda a esperar da sua superior inteligência, inesgotável capacidade de trabalho e abnegada dedicação às causas cívicas porque se bateu, deixa-nos simultaneamente uma sensação de profundo pesar, e de espanto pela forma como num espaço curto de tempo lhe foi possível cumprir um percurso pessoal de tal forma rico.

Entendeu, por isso, a Associação Fiscal que evocar a brilhante contribuição de Sousa Franco para o direito fiscal e financeiro, sendo por si só uma tarefa exaltante, não constituía a homenagem devida a um dos mais notáveis portugueses das últimas décadas que deixou o seu traço no ensino, na economia, na actividade cívica e política e em tantos outros aspectos da vida portuguesa.

Pensamos, aliás, que a fiscalidade não se reduz a uma mera técnica, mas antes exige da parte dos seus cultores uma formação humana e cultural especialmente rica que lhes permitem assumir-se como elementos decisivos para a construção de uma boa sociedade.

E nisso, Sousa Franco é seguramente um exemplo para todos nós.

Pedimos, assim, ao vasto grupo de ilustres personalidades que estão connosco que nos dessem o testemunho de diversas trajectórias de Sousa Franco e agradecemos sentidamente a forma como se disponibilizaram para o fazer.

Sabemos, ainda, assim, que muitos aspectos da sua riquíssima personalidade não serão aqui focados, mas estes fazem parte do património comum de quantos tivemos a sorte de ser alunos, amigos, colegas, e colaboradores dessa personalidade invulgar e esse património orientará sem dúvida muita da nossa actuação futura.

Compreenderão também todos os presentes que dirija uma palavra especial à Drª Matilde Sousa Franco, mais do que ninguém atingida pela trágica morte e julgo interpretar o sentimento colectivo se disser que todos revemos em si a riquíssima personalidade do seu marido.

Permita-se-me que agradeça ao Montepio Geral, na pessoa do seu ilustre presidente Dr. José Silva Lopes, a compreensão com que apoiou a cobertura dos custos desta reunião e à Associação Comercial a habitual e generosa cedência das suas instalações.

Renovando os meus agradecimentos a todos os amigos de António de Sousa Franco que aceitaram partilhar connosco as suas memórias e recordações e a todas as personalidades presentes, quero assegurar que a Associação Fiscal saberá sempre honrar o exemplo do Grande Mestre de Direito Financeiro e Fiscal.

A FORMAÇÃO UNIVERSITÁRIA DE SOUSA FRANCO

PEDRO SOARES MARTÍNEZ

Não eram particularmente expressivos os traços fisionómicos daquele rapaz, recém-chegado à Faculdade de Direito de Lisboa. Os fatos não lhe assentavam bem. E parecia descuidado no trajar e na forma de andar, de alguma irregularidade rítmica. Contudo, o jovem António Luciana rapidamente afirmou as suas qualidades invulgares. Era impecável pala assiduidade, pela compostura e pela atenção no seguimento das prelecções. As provas prestadas logo revelaram que a assiduidade não era somente de corpo presente. Não apenas assimilava conscienciosamente as matérias ministradas. Também as integrava no fundo cultural de que dispunha já, ao ingressar na Universidade. Embora naquele tempo os cursos secundários funcionassem mais satisfatoriamente do que na actualidade, logo que conheci melhor aquele aluno estabeleci a alternativa de ter passado alguns anos num seminário ou de ter beneficiado de um meio familiar de elevado nível intelectual. Apurei depois que se verificava o segundo termo da alternativa estabelecida. Aquele aluno, já distinto pela preparação e pela aplicação, era filho único. Os pais, ambos de formação universitária diversificada, sendo um mais preparado no campo das ciências físicas e outro no das belas-letras, não tinham descurado o desbravar daquela mente, através da infância e da adolescência. Acrescia ainda que o jovem António Luciano fora muito influenciado por um tio materno com largos créditos como jornalista, cronista da História contemporânea e bibliófilo. Com ele, sobretudo, terá o jovem escolar de leis adquirido o seu acentuado gosto pela leitura e pelos livros.

Com tal bagagem, António Luciano poderia ter feito o seu curso de Direito, segundo a expressão popular, "com uma perna às costas", sem trabalho nem preocupações de maior. Mas duvido que assim tenha acontecido. Porque presumo que sempre tenha querido alargar muito os seus conhecimentos, para além do que era exigível para vencer os escolhos correntes da formação jurídica. As classificações universitárias alcançadas e a carência de docentes que se verificava na escola abriram-lhe imediatamente o acesso à categoria de assistente. Foi então que melhor o conheci, o apreciei e o admirei, tornando-me seu amigo. Durante aqueles anos lectivos em que o tive por colaborador, na disciplina de Finanças Públicas, que ele viria a reger ao melhor nível, registei, gostosamente, uma plena capacidade para aliar a aptidão para as investigações com o talento para comunicar aos alunos os necessários conhecimentos. E, sem ser rara, não é tão comum como poderá julgar-se essa dupla propensão para investigar e para ensinar. As universidades com frequência recebem satisfatórios docentes inábeis para a análise crítica e criativa das ciências respectivas, assim como notáveis estudiosos incapazes para transmitir o muito que sabem. Valorizado pela dupla capacidade assinalada, Sousa Franco foi um assistente exemplar, a par de outros que comigo trabalharam, a nível semelhante de méritos. Também julgo ter sido, entre todos os colaboradores que tive, na Universidade, aquele com quem mais intimamente convivi. Para isso terá contribuído o facto de tendo-se conservado solteiro por período longo, o haver por mais facilmente aberto a convívios, alheios mesmo às tarefas universitárias.

Nem ao tempo da nossa mais estreita colaboração nem mais tarde as minhas relações com Sousa Franco foram afectadas pelo menor desentendimento ou qualquer sombra. Por estranho que isso possa parecer a quantos julgam os homens pelos rótulos que lhes foram apostos, sempre me encontrei de acordo com Sousa Franco relativamente aos problemas fundamentais da vida. E quanto a muitos, muitos mais.

A mesma concordância verifiquei pelo que respeita às questões universitárias, em geral, quanto ao curso de Direito e, em especial, em relação à indispensabilidade de uma certa formação no campo das ciências económicas para que as matérias jurídicas sejam assimiladas adequadamente pelos escolares de leis. Como todos os professores do grupo de ciências jurídico-económicas, Sousa Franco viveu intensamente essa problemática, de extrema actualidade. Porquanto, a crise da Justiça, que suscita tantos lamentos, resulta, em grande parte, de aparentes simplificações de habilitação para as carreiras forenses, que têm sacrificado as disciplinas de índole económica. Nunca pretendeu Sousa Franco que se inserissem escolas de Economia nas Faculdades de Direito. Mas, além de reconhecer que o Direito não é entendido sem razoável conhecimento dos fenómenos económicos que condicionam muitas das suas soluções, também sustentava que a Economia tem muito a esperar das contribuições de investigadores de formação jurídica. Aliás Sousa Franco pareceu-me sempre um exemplo significativo de economista de formação jurídica que nunca esqueceu a sua condição de homem de Direito. A isso se terá ficado a dever o excelente nível das suas lições de Finanças, disciplina que parece condenada ao hibridismo, porque reclama igualmente conhecimentos económicos e jurídicos.

Sem renunciar nunca à sua qualidade de jurista, e jurisconsulto do maior merecimento, suponho que Sousa Franco, no entanto, se sentiu mais fortemente atraído pelos temas económicos. Extraí essa conclusão da leitura atenta, anos atrás, da sua primorosa tese de doutoramento, através da qual deparei, de quando em vez, com pontos de vista geniais, de acentuada originalidade. Nem sempre mantidos, como é natural, com a mesma acuidade e a mesma altura, através de todo o trabalho. A busca da verdade e as preocupações de Justiça criavam-lhe, com frequência, dúvidas, hesitações e perplexidades, por vezes reflectidas no plano pragmático da necessidade de decidir. Mas compreende-se que os altos espíritos sintam, por vezes, escrúpulos em projectar as hipóteses duvidosas reunidas através da investigação no plano das decisões que hão-de assentar em certezas.

Continuo a sentir, a compreender, o meu Amigo ANTÓNIO LUCIANO PACHECO DE SOUSA FRANCO. Era um alto espírito. E era um homem bom, sedento de beleza e de harmonia, cujos padrões procurava constantemente, às vezes freneticamente, sem prejuízo da sua robusta fé num destino transcendente e eterno.

ANTÓNIO DE SOUSA FRANCO, O PROFESSOR, O UNIVERSITÁRIO

JORGE MIRANDA

António de Sousa Franco foi um grande professor, um grande universitário, em todas as dimensões: como cientista, como pedagogo, como colega, como dirigente universitário, como estudioso da Universidade.

COMO CIENTISTA.

Não há ciência sem cultura. Ciência sem cultura conduz (ou reconduz-se) a tecnocracia. Sousa Franco foi um grande cientista, antes de mais porque era portador de uma grande cultura. Uma cultura que abarcava todas as áreas do social – não só o Direito, a Economia e as Finanças, também a História, a Sociologia, a Demografia – e uma cultura que se estendia à Literatura, à Filosofia e à Religião.

Daí uma visão abrangente dos fenómenos que estudava nos domínios da sua especialidade, em que o necessário aprofundamento e a constante procura de actualização de factos, normas e doutrinas se articulava com os dados trazidos pelas ciências próximas e afins. As suas lições e os seus múltiplos estudos de Finanças Públicas, de Direito Financeiro e de Direito da Economia são modelares e hão de perdurar.

Num momento em que, em alguns das novas Faculdades de Direito, parece pôr-se em causa a menção das disciplinas jurídico-económicas, as obras que nos deixou aí estão a demonstrar quão empobrecedora se mostra essa tendência. Uma Faculdade de Direito, para o ser plenamente, tem de estar aberta a todas as projecções de ciência jurídica e, simultaneamente, a todas as implicações da realidade política, económica, social e cultural sobre o ordenamento jurídico.

SOUSA FRANCO COMO PEDAGOGO.

Só é professor quem sobre saber, sabe ensinar. Só é grande professor universitário quem alia à capacidade criadora própria de investigador a capacidade de transmissão de conhecimentos e, mais do que isso, de estímulo à curiosidade e a horizontes de interesse cada vez mais largos. Infelizmente, nem sempre isso é compreendido; há escolas em que a progressão na carreira se faz sem atender ao mérito ou demérito didáctico dos candidatos; e o Estatuto da Carreira Docente Universitário, velho e ressequido, tão pouco lhe confere o devido relevo.

Sousa Franco foi, porém, um grande professor; assim reconhecido por alunos e colegas, admirado pela inteligência, pela disponibilidade, pela clareza das aulas que dava, fossem da licenciatura e de mestrado (que sabia distinguir) e ainda pelos critérios de rigor e de justiça que punha nos exames. Em quase quarenta anos de docência – só interrompida pelo exercício de cargos públicos, a que julgou não dever escusar-se – sempre o encontrei o mesmo entusiasta do ensino e do diálogo com as novas gerações.

SOUSA FRANCO COMO COLEGA.

As nossas escolas universitárias têm vindo a tornar-se meros locais de passagem e de fugazes encontros para cumprimento de obrigações legais, mesmo quando instalações renovadas propiciariam o convívio e a criação de laços mais fortes do que os puramente conjunturais. Tem vindo a perder-se o sentido da comunidade académica, não sei se por factores específicos de Portugal, se por factores presentes em toda a Europa e não auguro grandes melhorias para os tempos mais próximos.

Mas Sousa Franco somente compreendia as suas tarefas de professor em conjunto com os demais colegas. Para ele o respeito e a lealdade entre todos eram valores indeclináveis. Em todas as reuniões, incluindo à volta dos problemas mais controversos ou das personalidades mais difíceis, era constante a sua atitude de cordialidade e constante era o ambiente desanuviado e, por vezes, de bom humor que inspirava. Só uma vez o vi perder a paciência.

SOUSA FRANCO COMO DIRIGENTE UNIVERSITÁRIO.

Ele foi um grande dirigente universitário, porque, como estudante, entendia que estudante não era apenas o que estudava, mas sim o que, ao mesmo tempo participava na vida cultural e institucional da Universidade – daí ter sido presidente da Juventude Universitária Católica, director do seu jornal, o Encontro, e de ter participado nas actividades da Associação Académica da Faculdade.

E foi um grande dirigente universitário, porque, enquanto professor, entendia que não bastava assegurar o serviço docente; era preciso assumir responsabilidades nos órgãos de governo da Escola e da Universidade – daí ter sido, mais de uma vez, presidente do Conselho Directivo da Faculdade de Direito da Universidade de Lisboa e, em dois anos seguidos, presidente do seu Conselho Científico, bem como ter sido Director da Faculdade de Direito da Universidade Católica.

Em 1979 e entre 1980 e 1985 acompanhei-o, muito de perto, como vice-presidente do Conselho Directivo e posso testemunhar o papel decisivo que teve na consolidação da Faculdade após as turbulências dos anos 70, promovendo o regresso à normalidade escolar, sem deixar de integrar nela duas aquisições significativas daqueles anos e que a experiência tem revelado serem do maior impacto pedagógico e social – a avaliação contínua e o curso nocturno. Voltaria mais tarde, mais recentemente, em circunstâncias complexas, quando todos se escusavam, com sacrifício e com determinação. Do mesmo modo, como presidente do Conselho Científico entre 2002 e 2004 esforçou-se por racionalizar o seu funcionamento e dar resposta às novas exigências.

Por seu lado, a Universidade Católica Portuguesa deve-lhe muito. Foi um dos vogais da primeira comissão instaladora da Faculdade de Ciências Humanas; foi o primeiro director da Faculdade de Direito quando aquela se desdobrou, lançando as bases para o seu desenvolvimento; e foi membro do Conselho Superior da Universidade. Considerava-se professor tanto da sua Universidade de origem como da Universidade Católica.

SOUSA FRANCO ESTUDIOSO DA UNIVERSIDADE.

Sousa Franco não foi só um trabalhador infatigável na pesquisa, no ensino e nas actividades académicas em geral. Foi outrossim alguém que pensou a Universidade. Fê-lo ainda estudante, elaborando um projecto de reforma do plano de estudos. E fê-lo depois em numerosíssimos congressos, colóquios e mesas-redondas, em pareceres no Conselho Nacional da Educação, em vários outros escritos, examinando e discutindo as mais diversas questões, sempre apelando aos princípios da autonomia e da liberdade académica. Espero bem que esses escritos possam ser, brevemente, reunidos em volume.

Vou terminar evocando as suas duas últimas intervenções académicas, em Maio deste ano, em sessões em que participei e que hoje recordo com grande saudade.

Uma foi a lição que proferiu na Universidade Católica acerca da nova Concordata. E nela, para além de uma completa e rigorosa análise sistemática, debruçou-se sobre as suas grandes opções, exprimindo todo um perfeito equacionar dos problemas e uma visão muito lúcida da sua necessidade e da sua adequação à vida colectiva Portuguesa.

A outra intervenção deu-se em colóquio promovida na Faculdade de Direito da Universidade de Lisboa sobre construções em altura, organizado pelo respectivo Instituto de Ciências jurídico-políticas e pela Ordem dos Arquitectos. Sousa Franco devia apenas proferir palavras de saudações, como presidente do Conselho Científico. Mas não: em pouco mais de um quarto de hora fez uma síntese magnífica de toda a problemática em causa, congregando as perspectivas jurídicas, económicas e urbanísticas.

Envolvido numa intensa campanha eleitoral – em que se dedicou com abnegação cívica até à morte – António de Sousa Franco nunca deixou de ser um académico. Era esse a sua vocação, era esse a sua responsabilidade.

ANTÓNIO DE SOUSA FRANCO
CULTOR DAS CIÊNCIAS JURÍDICO-ECONÓMICAS

PAULO DE PITTA E CUNHA

1. Ligaram-me ao Professor Sousa Franco invulgares laços de amizade e de camaradagem.

Esteve a meu lado em todas as grandes provas públicas da nossa carreira académica – o doutoramento, a agregação (que na altura se identificava com o concurso para professor extraordinário), o concurso para professor catedrático.

Ao longo de décadas, revelou-se exemplar a nossa colaboração. Integrados ambos no Grupo de Ciências Jurídico-Económicas da Faculdade de Direito de Lisboa, partilhávamos da mesma visão sobre a missão da Escola de Direito e sobre o lugar das Ciências Económicas nos estudos da Faculdade.

Pode ser surpreendente, mas o facto é que não consigo recordar-me da menor discordância que entre nós possa ter-se gerado, ou sequer esboçado, ao longo de todo aquele tempo, sobre qualquer assunto atinente à Faculdade.

Para esta nossa colaboração sem falhas terão contribuído a amizade e o apreço mútuo que nos ligavam.

2. A obra do Professor António de Sousa Franco é muito extensa, diversificada e profunda. Avultam na sua vastíssima bibliografia os trabalhos centrais consagrados às Finanças Públicas e ao Direito Financeiro. O Manual que tem essa epígrafe nasceu em 1974, e foi objecto de reedições e actualizações sucessivas. Em 1987 atingiu a 4.ª edição, e em 2002 veio a lume a 9.ª reimpressão.

Da edição inicial permita-se-me que saliente, entre tantos outros temas, abordados com idêntico brilho e rigor, a análise da teoria das decisões públicas e economia de bem-estar, do fenómeno financeiro no quadro dos sistemas económicos, da evolução histórica dos estudos financeiros; e, pelo sentido de actualidade que reflectem, a discussão do neoliberalismo post-keynesiano ou da penetração do regime das organizações supranacionais por princípios próprios da actividade financeira dos Estados.

Mas, para além das Finanças Públicas, a obra publicada de António de Sousa Franco abarca praticamente a totalidade das áreas que são objecto de estudo das disciplinas que se agrupam nas Faculdades de Direito sob a referência "Ciências Jurídico--Económicas" – o Direito económico, o Direito fiscal, a Integração económica, a Economia política (atente-se, neste último caso, no excelente estudo dos anos 60 "Observações sobre a formação de capital numa economia em desenvolvimento", tema depois retomado na dissertação de doutoramento "Políticas Financeiras e Formação de Capital") – e extravasou destes domínios para campos ligados à cultura, ao ensino, às doutrinas sociais, à Administração pública.

E, a atestar o enlace entre a teoria e a prática, que constituiu um "Leitmotiv" dos seus estudos, relembre-se a elaboração de ante-projectos legislativos, de grande alcance, desde a reforma do Tribunal de Contas à transição para a moeda única, passando pelo Estatuto dos benefícios fiscais.

É uma obra densa, multiforme, inovadora em tantos aspectos.

3. No prefácio do Manual de Finanças Públicas e Direito Financeiro, já em 1986 António de Sousa Franco dava conta da sua fundamental preocupação metodológica no estudo da matéria, situada "sem ambiguidade na confluência da Economia Pública e do Direito Financeiro". Afirmava o carácter intencionalmente interdisciplinar da obra, evitando de um lado o juridicismo estéril e, de outro, a abordagem pretensamente pura da economia, desprovida de base institucional, verberando as "capelas" do mundo académico e monopólios universitários que se esforçavam por manter feudos imunes ao diálogo científico. Esse prefácio constituiu uma defesa vibrante na linha da concepção de "uma escola aberta ao seu tempo e capaz de encarar a sua responsabilidade social".

4. Lucidamente, António de Sousa Franco evitava sobrecarregar as sucessivas edições do seu Manual de Finanças Públicas com a sistemática inserção de novos campos de análise. Daí que tivesse autonomizado em 1987 o estudo dos subsectores financeiros (Finanças do Sector Público: Introdução aos Subsectores Institucionais), em que se examinavam com rara precisão as áreas da administração pública marcadas pela autonomia financeira.

Já desde 1980, num trabalho de grande rigor, Sousa Franco fizera publicar um volume relativo aos assuntos fundamentais das Políticas Financeiras. Neste, como em outros já citados, é visível a preocupação de "despertar o espírito crítico dos alunos", propondo-lhes um "sistema explicativo com algumas pistas de dúvidas", estando presente, sempre, a sua concepção de crescente interligação entre a Economia e o Direito, em que cada vez menos se aceita um jurista que "só saiba de Direito".

5. António de Sousa Franco era um homem de fortes convicções, que pairava a grande altura pela sua integridade e independência de espírito, excepcional capacidade de trabalho, invulgares qualidades intelectuais e grande estatura moral. O seu

desaparecimento representa uma enorme perda para a sua Escola e para a sua Universidade, e vem tornar mais pobre o campo das Ciências Jurídico-Económicas, que ele cultivou por forma exemplar, com realce para a área das Finanças e do Direito Financeiro, em que pontificou como insigne Professor e Investigador.

SOUSA FRANCO, FISCALISTA

António Carlos dos Santos

1. Conheci o Professor Sousa Franco na já longínqua década de 80. Contactos esporádicos em colóquios, congressos, trocas de correspondência, na altura não por causa da fiscalidade, mas por causa do direito económico.

Contactos breves, é certo, mas marcantes. Para além da sua fulgurante inteligência, da sua cultura ecuménica, da sua capacidade de observação – e Alexis Carrel escreveu, não sem razão, que observar é menos fácil que raciocinar – ficou-me a imagem de um homem de fortes convicções, mas aberto ao novo, frontal, mas dialogante, amável, despojado de soberba e de arrogância, mas sem falsas modéstias. Alguém muito longe da imagem do intelectual elitista sitiado na torre de marfim de um conhecimento meramente livresco. Alguém que se preocupava genuinamente com as pessoas em concreto e não apenas com as ideias ou com o Homem em abstracto.

2. Voltei a encontrá-lo nos anos 90, agora como professor num mestrado e meu orientador numa dissertação sobre auxílios de Estado de natureza fiscal. E este reencontro, em que os contactos eram mais intensos, transformou as impressões anteriores em certezas. E acrescentou outras. As de um professor sempre disponível, sempre pronto a ouvir, a aconselhar, a discutir as questões

mais sensíveis ou controversas, a concordar, a pôr reservas, a discordar, a polemizar, mas sobretudo a incentivar o estudo e a investigação.

3. A seu convite, tive o privilégio de com ele trabalhar e conviver de perto durante os quatro anos do primeiro governo do Eng. António Guterres, onde, como Ministro das Finanças, foi responsável pela introdução de euro e impulsionador de muitas e importantes reformas financeiras, sendo um dos governantes que mais contribuiu para uma governação que conciliava rigor com consciência social.

Fui então descobrindo novas competências do Prof. Sousa Franco: a sua capacidade como estratego, as suas qualidades de liderança, a sua intuição política, a sua entrega às causas que abraçava, o seu desprendimento, o seu enorme apego ao lado nobre da política, apego tão grande quanto o desprezo que votava ao lado mesquinho da politiquice. Mas, acima de tudo, a sua coerência: não foi ele quem mudou, foram os outros. Ele sempre esteve rigorosamente no mesmo sítio, no campo da social-democracia.

Descobri ainda a sua inesgotável energia e capacidade de trabalho e, surpresa das surpresas, o seu britânico sentido de humor. Os almoços de coordenação da equipa – um por semana, todas as quartas-feiras, antes das reuniões do Conselho de Ministros – eram perpassados de um tal humor e boa disposição que podiam pedir meças aos programas da Contra-informação.

4. Depois da experiência governativa, continuei a contactar regularmente com o Prof. Sousa Franco. Ainda hoje, reencontro-o, com saudade, na leitura ou releitura de partes da sua imensa obra. Não apenas a obra do fiscalista, mas a do cultor das ciências financeiras e das ciências jurídico-económicas que, em meu entender, muito influenciaram o olhar do fiscalista.

5. A obra de Sousa Franco como fiscalista é multifacetada, projectando-se em várias dimensões: a técnica, a científica, a pedagógica e a política.

A dimensão *técnica* manifesta-se sobretudo no seu trabalho como jurista, em particular nessa prestigiada instituição que é o Centro de Estudos Fiscais, onde trabalhou entre 1965 e 1968, para ser retomada mais recentemente como jurisconsulto e advogado e como director do Gabinete de Estudos da Câmara dos Técnicos Oficiais de Contas. Nos primeiros anos de actividade profissional, a expressão mais visível desta faceta técnica foi o esboço de um projecto de Estatuto dos Benefícios Fiscais escrito, em 1969, em parceria com o Prof. Alberto Xavier e que constituiu uma importante fonte do actual Estatuto, aprovado 20 anos mais tarde. Outro trabalho muito importante dessa mesma época foi o estudo sobre a dupla tributação de dividendos, juros e *royalties* publicado em 1971 na revista Ciência e Técnica Fiscal.

Mas a dimensão técnica, por muito importante que fosse, não era a principal preocupação intelectual de Sousa Franco como fiscalista. Não era de facto a técnica fiscal ou a dogmática do direito fiscal que preocupavam um espírito inquieto como o do Professor, mas sim o conhecimento científico dos sistemas fiscais.

6. A sua visão científica da fiscalidade e do direito fiscal era eminentemente histórica e sistémica. Ressalta dos seus textos que a fiscalidade só se compreende como produto da história de um povo, em particular da sua história económica, política e cultural. Mas ressalta também que ela não é um fenómeno isolado. Pelo contrário: deve ser analisada como sistema e em interacção com outros subsistemas da sociedade, em particular com o sistema sócio-económico, com o sistema político, com o sistema jurídico, com o sistema psicossociológico. Além disso a fiscalidade, nunca o esqueçamos, é

um instrumento ao serviço de valores, desde logo os da justiça, e não um fim em si mesmo. A fiscalidade é, acima de tudo, uma questão de cidadania e uma condição da civilização.

7. A perspectiva sistémica era já muito visível na obra inicial de Sousa Franco.

A visão intra-sistémica da fiscalidade levava-o à análise da relação do direito fiscal (visto como o ramo de direito que rege o imposto e outras receitas de carácter obrigatório, disciplinando os poderes do Estado para obter receitas, amputando o património dos particulares e os conexos procedimentos, situações e garantias jurídicas, isto é, como parte integrante, embora específica, do direito financeiro) com outros ramos de direito. De um lado, com o direito civil, como nos estudos "Aspectos fiscais do novo Código Civil" (1967) e "O Código Civil e o direito fiscal" (1972). De outro, de forma indirecta, as relações com o direito constitucional, como nos estudos, mais tardios, sobre "O sistema financeiro e a constituição financeira no texto constitucional de 1976" (1979) ou sobre a constituição económica, este último em colaboração com o Dr. Guilherme D'Oliveira Martins. Numa palavra: a fiscalidade entre a sociedade civil e o poder político.

8. A visão inter-sistémica leva-o a aprofundar a relação do sistema fiscal com o sistema social, como no seu trabalho sobre "A Família no Direito Fiscal Português" (1969), e sobretudo a relação do sistema fiscal português com o sistema económico e financeiro. Estudos como "Relações entre as estruturas dos sistemas fiscais e o desenvolvimento económico nos países em vias de desenvolvimento" (1968), "Princípios de política fiscal nos incentivos ao desenvolvimento económico" (1969), "O sistema fiscal português e o desenvolvimento económico e social" (1969), "O sistema fiscal como instrumento de políticas de estabilização, redistribuição, desenvolvimento e justiça social" (1979), são, entre outros textos

dispersos em capítulos de manuais, em prefácios de livros ou em entradas de enciclopédias, claramente demonstrativos desta perspectiva.

9. No final dos anos 70 e durante os anos 80, inicia-se uma segunda linha de preocupações do Prof. Sousa Franco como fiscalista. A sua atenção volta-se então para temas típicos do federalismo financeiro e fiscal: de um lado, os temas da relação entre a fiscalidade portuguesa e o direito e a política de integração europeia, de que são exemplos os trabalhos sobre "A harmonização fiscal na CEE" (1983) ou "O sistema fiscal português face à integração europeia" (1985); de outro, os temas ligados à fiscalidade regional e local, como ocorre com os estudos "O financiamento das estruturas regionais" (1985), "A autonomia tributária das regiões" (1987) e se prolonga no estudo "Os poderes financeiros do Estado e do município: sobre o caso das derramas municipais" (1995).

10. Nos anos 90, o Prof. Sousa Franco abriu-se a novas áreas de reflexão, em parte motivado pela sua acção no governo, como transparece de múltiplas intervenções sobre a importância da administração tributária na realização do sistema fiscal, as dificuldades da reforma fiscal face aos micropoderes fácticos, os aspectos fiscais da introdução do euro. Três temas de enorme actualidade sobressaem nesta fase: o da relação entre a fiscalidade e o ambiente; o da questão da deslocalização dos factores de produção não laborais nem dominiais pela concorrência fiscal, pela integração dos grandes espaços económicos, pela globalização internacional, e o do problema da relação do sistema fiscal e do direito fiscal com os sistemas de informações, com a nova revolução digital, tecnológica e comunicacional, a qual exige provavelmente um corte epistemológico com o aparelho conceptual do actual direito fiscal e a construção de um novo paradigma.

11. A perspectiva histórica e sistémica é igualmente um traço da dimensão pedagógica da sua obra.

A relação íntima entre as finanças públicas, a economia pública, o direito financeiro, a política financeira e a fiscalidade é o cerne dos seus textos de ensino universitário, com especial relevo para os sucessivos manuais de finanças públicas e direito financeiro, com inúmeras edições e reimpressões.

12. O que mais impressiona neste percurso é, antes de tudo, a capacidade de, em cada momento, Sousa Franco distinguir o que é verdadeiramente importante do que é acidental ou acessório. E, em seguida, a capacidade de agir em conformidade com a reflexão efectuada.

Pensamento e acção. Todas as preocupações intelectuais de Sousa Franco, como financeiro e como fiscalista, fizeram-se sentir ou consolidaram-se na sua acção política e nas múltiplas intervenções que fez ao longo da legislatura.

13. É assim a óptica sistémica que atravessa ainda a dimensão do fiscalista como político, em particular a sua acção como Ministro das Finanças. As duas coisas estão eminentemente ligadas, pois como escreveu Sousa Franco "o saber fiscal ou dá frutos ou não serve para nada". "Não há verdadeiro *homo sapiens* que não seja *homo faber*."

De forma muito realista e premonitória, Sousa Franco dizia, no último ano da legislatura, que nem tudo o que foi feito estava consolidado e que iria haver retrocessos em vários domínios (como ocorreu, por exemplo, com a Administração Tributária, com a Unidade de Coordenação da Luta contra a Evasão e Fraude Fiscal e Aduaneira (UCLEFA), com o Conselho Nacional de Fiscalidade, com o Defensor do Contribuinte, para só falarmos das questões orgânicas). Tal como dizia que nem tudo o que estava programado iria ser objecto de continuidade e basta ler a Resolução do Conselho de Ministros n.º 119/97, contendo os quadros gerais para a Reforma fiscal para o Portugal desenvolvido no limiar do século XXI, para nos inteirarmos deste facto.

Mas, optimista que era, dizia ainda que muitas das reformas iriam permanecer (como, aliás, aconteceu com a Lei Geral Tributária, com a reforma do Código de Procedimento e Processo Tributário, a reforma do Imposto de Selo, dos Impostos Especiais de Consumo, o Regime unificado das Infracções Tributárias, o regime da fiscalização, a criação da Câmara dos TOC e da Ordem dos ROC, a transformação dos abatimentos à matéria colectável em deduções à colecta, a política de Convenções de dupla tributação, a criação da Direcção-Geral de Informática e Apoio aos Serviços Tributários e Aduaneiros (DGITA), a profunda extensão da Rede Informática dos Impostos e das Alfândegas (RITTA), a repartição virtual de finanças, etc.) e que muitas ideias, então lançadas talvez prematuramente, tarde ou cedo fariam o seu percurso, porque a necessidade assim obrigaria.

14. Por isso, o Professor Sousa Franco, conciliando acção política, espírito universitário e pedagogia cívica, preocupava-se em deixar um conjunto de trabalhos e de documentos que são testemunhos de uma época e de um projecto reformista para realização ao longo de seis anos (não de seis meses) e de que apenas cito os Relatórios *Estruturar o Sistema Fiscal do Portugal Desenvolvido*, o Relatório que contém o *Balanço de uma legislatura*, os sete volumes das *Palavras no Tempo*, o livro intitulado *Debate sobre a Reforma Fiscal*, dedicado à discussão do Relatório Silva Lopes, e muitos estudos efectuados pelos melhores especialistas sobre a reforma dos impostos sobre o rendimento (IRS e IRC), do imposto sobre o património, do imposto automóvel, sobre a reavaliação dos benefícios fiscais, sobre a fiscalidade do sector financeiro, sobre a fiscalidade internacional, sobre as provisões

bancárias, sobre o reporte de prejuízos, sobre a reorganização dos serviços aduaneiros, sobre a reforma da administração tributária, a melhoria dos serviços da inspecção tributária, a política fiscal ambiental, a fiscalidade local ou regional. Estes são, entre vários outros, marcos importantes para quem pretenda fazer uma Reforma Fiscal séria e a sério.

15. É tempo de terminar. Mas não resisto a contar duas pequenas histórias. A primeira revela o lado cultural do fiscalista. Durante uma assembleia do CIAT, visitei com o Dr. Nunes dos Reis, ao tempo Director-geral dos Impostos, a belíssima Igreja de São Francisco na Baía onde descobrimos uma santa, para nós desconhecida, e que dava pelo nome de Santa Coleta. Com tão sugestivo nome, pensámos que poderia ser uma boa padroeira para o fisco. Quando contei a nossa descoberta ao Prof. Sousa Franco, ele informou-me que Coleta era um diminutivo de Nicolette (como a escritora Colette), nome dado por seu pai em agradecimento a São Nicolau pelo nascimento de tão tardia filha e que Santa Coleta tinha vivido no tempo do cisma do Ocidente, nos séculos XIV-XV, estando na origem da reforma dos conventos das monjas da ordem franciscana. E, logo de seguida, mandou-me um bilhetinho (a sua forma de "correio electrónico") onde acrescentava que Santa Coleta, a Virgem, viveu enclausurada durante quatro anos e que teve toda a gente contra a sua reforma, clérigos, laicos, as próprias monjas, sofrendo calúnias e humilhações. Aí pensámos que o melhor era deixar São Mateus como padroeiro do fisco, que até nem se estava a portar mal, e atribuir a Santa Coleta a protecção da reforma fiscal.

16. A segunda história diz respeito à quinta dimensão do Prof. Sousa Franco como fiscalista, a do contribuinte. Não me refiro à alergia que tinha em relação à papelada, em particular ao preenchimento dos impressos dos impostos, tarefa que deixava, com gosto, ao seu técnico oficial de contas, o Presidente da CTOC. Refiro-me sim ao ar espantado com que dizia um dia em que

tinha contratado alguém (não me lembro se marceneiro, se canalizador ou empreiteiro) para fazer umas obras em casa e, no final, quando pediu ao ilustre prestador de serviços o recibo, este lhe perguntou: mas o Senhor Ministro sempre quer recibo com esse tal de IVA? Comentário de Sousa Franco, que mais tarde veio a usar em intervenção pública: para conhecer a realidade, muitas vezes mais vale estar atento às vozes da sociedade que reler os livros dos doutores.

17. Era assim o Professor Sousa Franco. Um poço de inteligência, de energia, de sensibilidade. Há pessoas, muito poucas, que têm a magia de iluminar e colorir, no quotidiano, a vida dos outros. Que com o seu exemplo transformam a vida e as outras pessoas para melhor. E o Prof. Sousa Franco era uma delas.

Dizia Benjamin Franklin que na vida só duas coisas são inevitáveis, a morte e os impostos, a primeira, por certo, bem mais inevitável que a segunda.

Mas todos temos a sensação que a morte do Prof. Sousa Franco, por certo a prazo inevitável, não tinha que ser agora e desta maneira.

Se a morte não o colhesse trágica e prematuramente, teria acrescentado ao seu brilhante currículo o seu desempenho, sem dúvida excelente, como deputado ao Parlamento Europeu. Se a morte não irrompesse de, forma brutal e intempestiva, poderia ter mesmo sido, na minha suspeita opinião, um excelente Presidente da República.

Mas mais importante que tudo, se a morte não o afastasse do nosso quotidiano, teríamos hoje aqui connosco um amigo.

E, como canta Sérgio Godinho, coisa mais preciosa, na vida, não há.

ANTÓNIO DE SOUSA FRANCO
O POLÍTICO E O CIDADÃO

GUILHERME D'OLIVEIRA MARTINS*

"A virtude anseia pelas alturas" – afirmava Séneca, demarcando-se das almas vulgares que se contentam com os terrenos planos e seguros. Desde muito cedo, o Professor António Luciano de Sousa Franco recusou a facilidade das planuras. Inteligência arguta, dotada de uma fantástica curiosidade relativamente ao conhecimento e a todas as suas manifestações, o Mestre que hoje homenageamos nunca foi indiferente aos apelos da cidadania. Ser pessoa, cultivar a dignidade humana, foi sempre entendido por si como estar no mundo, ser alguém situado e comprometido. Falar do seu empenhamento político é assim falar de um compromisso permanente. Desde cedo encontrou esse apelo no estudo da História, a começar na Antiguidade clássica. A noção de <u>humanitas</u> de Cícero atrai-o sobremaneira e se o espírito científico o motiva, o certo é que o Direito como fenómeno social e não como mero formalismo normativo, torna-se porta para a vivência do compromisso cívico. Eis porque a Economia Política como ciência da sociedade em acção o motiva, sempre na perspectiva do empenhamento social e da exigência do desenvolvimento. Economia e Direito completam-se naturalmente, numa atitude humana distante de uma qualquer neutralidade hedonista ou utilitarista. Não se compreende, assim, o percurso político de António Sousa Franco sem entender o enraizamento académico, a sólida fundamentação social e histórica, a atenção especial ao conceito dinâmico de desenvolvimento económico, social e cultural. O académico considerava, afinal, incompleto um compromisso que não fosse também social e cultural.

Cientista, educador, cidadão comprometido – eis o triângulo definidor de um jovem que se formou no catolicismo social – desde Ozanam a Marc Sangnier, desde a "Rerum Novarum" até ao Concílio Vaticano II. Militante da Acção Católica, a cuja presidência chegou com brilhantismo e sentido de serviço (1970-1972), o percurso político de António Sousa Franco apenas se compreende a partir de um entendimento aberto, inovador e moderno do pensamento social da Igreja. Se analisarmos esse percurso, político e cívico, fácil é de descobrir uma linha condutora de irrepreensível coerência. É nítida a influência de Jacques Maritain no período do exílio de Princeton, na aproximação ao conceito de democracia social avançada, decisivo, por exemplo, na abertura política da Igreja na América Latina nos anos sessenta e setenta. O encontro com François Perroux integra-se nesta tendência – sempre na lógica da aproximação entre o económico e o político, entre o social e o cívico. O caminho no sentido da social-democracia europeia tornou- -se, assim, natural. Encontramo-lo também em Jacques Delors, com um percurso intelectual semelhante ao de António Sousa Franco. Daí a chegada natural a um europeísmo social centrado numa cultura de direitos e deveres de cidadania, de que Robert Schuman foi uma referência maior. Nesse sentido, entendia, aliás, que depois dos anos oitenta e noventa passou a caber à família social-democrata e ao socialismo democrático aberto e inovador tomar em suas mãos o testemunho europeu dos pais fundadores da Comunidade Europeia. Com que projecto? Um projecto baseado na dupla legi- timidade e na fidelidade histórica, baseado na soberania originária dos Povos e Nações e na solidariedade voluntária dos Estados livres e soberanos. Um projecto de paz, de desenvolvimento sustentável e de diversidade cultural – audacioso, mas baseado em passos seguros.

Se lermos os escritos de António Luciano de Sousa Franco, ao longo de trinta anos, encontramos nítidas linhas de continuidade. Logo após 25 de Abril de 1974 defende a necessidade de equilíbrio entre a democracia e a economia social de mercado. Preside à Comissão que elaborou a Lei de Imprensa – elaborando trabalho notabilíssimo. Vemo-lo a participar na redacção do programa do Partido Popular Democrático e no seu gabinete de estudos. No VI Governo provisório, na equipa de Francisco Salgado Zenha, no Ministério das Finanças, como Secretário de Estado das Finanças, procura aliar a ideia de Estado democrático à de economia aberta, baseada no mercado, na concorrência e na regulação. Defenderá, aliás, relativamente à versão original da Constituição da República que o sector privado deveria ser considerado como o sector regra e não como um sector excepção, e que a liberdade de iniciativa económica e o direito da propriedade privada teriam de ser considerados como de natureza análoga relativamente aos direitos, liberdades e garantias. Assim, em 1976 e 1977, empenha-se como deputado à Assembleia da República (sendo vice-presidente da Comissão Parlamentar de Economia, Finanças e Plano até 1978 e o primeiro Presidente da Comissão Parlamentar de Assuntos Europeus em 1979) na redacção e na realização dos compromissos necessários à aprovação de leis de configuração europeia. Tratava-se de construir uma Constituição económica material coerente com uma sociedade poliárquica e aberta e com uma economia social assente no funcionamento do mercado. São desta altura a lei de delimitação de sectores de produção, a lei da reforma agrária e arrendamento rural e a lei das indemnizações – em cuja elaboração participa activamente.

Assim, a noção de Constituição material económica ganha contornos numa inexorável lógica europeísta. O gradualismo deveria ser a regra e o método. O Estado não deveria ser produtor, mas apenas catalisador de iniciativas e de energias, num contexto de fronteiras abertas e de livre circulação de pessoas, mercadorias, serviços e capitais. Haveria, deste modo, que procurar consensos indispensáveis que consolidassem a Lei Fundamental e que a encaminhassem no sentido do primado do poder civil democrático e, progressivamente, na linha de um programa económico fundado na liberdade e na função social da propriedade. A persistência na lógica gradualista contra qualquer ideia construtivista de forçar os aconte-cimentos e a ideia de que a consolidação da democracia exigiria acordos duráveis entre as principais forças políticas afastá-lo-á a partir de Dezembro de 1977 de Francisco Sá Carneiro, consumando--se a ruptura em Abril de 1979. Presidiu ao PSD no final de 1977 e início de 1978. Participou como Ministro das Finanças no Executivo de iniciativa presidencial da Eng.ª Maria de Lourdes Pintasilgo (1979) – depois de ter sido o principal protagonista (com Magalhães Mota, Sérvulo Correia, Jorge Miranda, Vilhena de Carvalho e outros) das Opções Inadiáveis (1978) e da Acção Social Democrata Independente (1979). Em 1980 é um dos líderes da Frente Repu-blicana e Socialista, com Mário Soares e António Lopes Cardoso, e no final desse ano apoia a recandidatura do General Ramalho Eanes à Presidência da República.

Desgostoso com o curso dos acontecimentos afastar-se-á da vida política no início dos anos oitenta, apoiando, no entanto, o sentido fundamental da revisão constitucional de 1982 e não partilha das críticas que o Presidente da República faz ao texto então saído do Parlamento. A vida académica ocupa-o intensamente neste período – quer na Faculdade de Direito da Universidade de Lisboa (a cujo Conselho Directivo presidiu de 1979 a 1985 e, de novo, em 2001 e 2003), quer na Faculdade de Direito da Universidade Cató-lica (de que foi director de 1989 a 1995). Em 1985 apoia a candida-tura presidencial do seu amigo Diogo Freitas do Amaral. É, no entanto, um período de cautelosa distância em relação à política activa. É nomeado Presidente do Tribunal de Contas (Junho de 1986), função que exercerá exemplarmente, abrindo caminho ao reforço da instituição e à consagração de um estatuto de indepen-dência e de isenção, nunca antes alcançado pela instituição, que passa a ser reconhecida como um verdadeiro tribunal com funções jurisdicionais da maior importância num momento crucial de integração de Portugal nas Comunidades Europeias.

A presidência do Tribunal de Contas revelar-se-á fundamental para quem vai assumir em Outubro de 1995, de novo, a pasta das Finanças, agora a convite do seu amigo Engenheiro António

In Memoriam *Sousa Franco*

Guterres, com quem trabalhara intensamente no Parlamento no final dos anos setenta na fase de consolidação da Constituição económica material democrática. Coube a António de Sousa Franco a difícil tarefa de preparar e concretizar a entrada de Portugal na União Económica e Monetária e a transição para a moeda única europeia. Apesar de participar num Executivo sem maioria absoluta parlamentar, empenha-se em criar condições de credibilidade orçamental – baseadas no reforço da eficiência da Administração tributária e de combate à fraude e evasão fiscais, bem como na definição de prioridades sociais, com especial destaque para a Educação, a Qualificação, a Ciência e a Cultura. Sustenta, nesta ordem de ideias, a noção de "convergência com consequências sociais", o que o levará a contrariar a perspectiva rígida e fechada na concepção dos Regulamentos de 1997 sobre défices excessivos. Em lugar da prioridade atribuída a concepções exclusivamente centradas na sacralização do mercado, coloca o crescimento e a promoção do emprego no centro de uma política de rigor financeiro e orçamental com consciência social – criticando o impropriamente designado Pacto de Estabilidade e Crescimento.

O empenhamento europeu e a competência inexcedível no tocante à organização e funcionamento da Administração financeira do Estado permitir-lhe-ão chegar a bom porto na tarefa de integrar a economia portuguesa na União Económica e Monetária e no Euro. Hoje, que conhecemos as dificuldades e as vicissitudes no cumprimento dos requisitos de convergência nominal inerentes à adopção da moeda única, verificamos que a gestão de António de Sousa Franco permitiu que Portugal tenha tido uma trajectória positiva na evolução das finanças públicas portuguesas (o que não aconteceu com outros, como a Itália e a Bélgica, que não puderam cumprir os critérios relativos à dívida pública, ou como a Grécia, que, já sabemos, não cumpriu sequer o critério fundamental de equilíbrio orçamental). No entanto para Sousa Franco não se trataria apenas de respeitar um critério nominal ou formal, mas de ligar a adopção da moeda única a um conceito dinâmico de convergência social, que a Estratégia de Lisboa adoptou, aliando competitividade e inovação, rigor financeiro e desenvolvimento da economia do conhecimento. Daí que no debate do Orçamento de Estado para 1999 tenha introduzido uma premonitória reflexão política, assente na obra de Donald Sassoon sobre Cem Anos de Socialismo Democrático, lançando oportunos avisos à navegação sobre os perigos da adopção de uma concepção cega ou formalista com sacrifício da coesão social ou subalternização de políticas activas de educação, emprego e formação.

No fundo, para António de Sousa Franco seria a ideia e a vivência da democracia, a fidelidade aos instrumentos fundamentais de legitimação parlamentar, que estariam em causa se as escolhas políticas passassem a ser condicionadas por critérios e regras de índole meramente técnica. A morte surpreendeu-o na flor da vida. Não esqueço as suas últimas palavras de entusiasmo e de invocação dos seus ideais de sempre – liberdade, responsabilidade e cidadania. Num sábado de sol falámos do Infante D. Pedro e da necessidade de recusar os caminhos de periferia, de irrelevância e de mediocridade para Portugal. António de Sousa Franco ensinou-nos que não há política sem esperança e sem ideais. Está vivo o seu projecto. Não o esqueceremos! Nunca.

O JUIZ

Conselheiro Presidente do Tribunal de Contas,
ALFREDO JOSÉ DE SOUSA

1. Conheci pessoalmente Sousa Franco em **5 de Junho de 1986.**

Precisamente no dia em que tomou posse em Belém como Presidente do Tribunal de Contas e no dia em que me conferiu posse como Juiz Conselheiro do mesmo Tribunal.

É evidente que o universitário, o especialista em Finanças Públicas, o político, o governante, o publicista era por mim conhecido e admirado de há muito.

Embora antes ele me não conhecesse também pessoalmente, tinha de mim notícia dos meus modestos trabalhos publicados na área de Direito Fiscal e do meu currículo como magistrado.

Em comum tivemos desde logo o firme propósito de levar a cabo a **Reforma do Tribunal de Contas**, sob o ponto de vista operativo e legislativo, como um projecto nacional.

O Presidente da República, Dr. Mário Soares e o Ministro das Finanças de então, Dr. Miguel Cadilhe, foram muito claros no **acto de posse de Sousa Franco** na necessidade urgente de tal reforma que o empossado deveria preparar.

A modernização e eficácia deste órgão externo de controlo das finanças públicas era uma **exigência da entrada de Portugal na Comunidade Europeia em 1/1/1986.**

Mas também era um **imperativo constitucional!**

O Tribunal de Contas estava enquadrado constitucionalmente ao lado do Tribunal Constitucional, do Supremo Tribunal de Justiça e do Supremo Tribunal Administrativo. Daí que a sua reforma de adaptação à Constituição deve realizar-se "até ao fim da 1ª Sessão Legislativa" da primeira legislatura da Assembleia da República.

O que não tinha acontecido até então apesar de diversas tentativas.

Tínhamos nessa altura cerca de 45 anos e éramos dois "jovens" Juízes face aos restantes seis Conselheiros do Tribunal de Contas em vias de jubilação por limite de idade.

Tribunal de Contas que funcionava no **mesmo edifício** do Ministério das Finanças, no qual se integrava a "sua" **Direcção--Geral.**

A nomeação dos respectivos juízes, dirigentes e funcionários, era da competência do Ministro das Finanças.

Grande era pois o desafio!

2. Foi com o maior entusiasmo e trabalho que Sousa Franco meteu ombros à reforma.

A preparação do anteprojecto da lei de organização e competência do Tribunal de Contas foi a sua primeira prioridade.

Em 31 de Julho do mesmo ano de 1986 – menos de 2 meses após a sua posse – foi esse anteprojecto entregue ao Governo.

Porém, só em 8 de Setembro de 1989, foi publicada a Lei n.° 86/89, que descaracterizou aquele anteprojecto em partes substanciais.

Miguel Cadilhe, Ministro das Finanças de então, afirmou publicamente que esta era uma **reforma plurietápica**, e que aquele diploma era tão só a 1.ª etapa.

Não obstante, emergiram nessa lei as seguintes **linhas de força**, apesar de tudo significativas:

a) **Desde logo e antes de tudo, a independência do Tribunal**:

– Os juízes passaram a ser 16 na Sede e 1 em cada Secção Regional da Madeira e dos Açores. Seriam recrutados não só dentre magistrados como de universitários e altos dirigentes da Administração Pública, com formação em Direito, Economia e Gestão, mediante **concurso curricular** perante um júri independente. Ao **Presidente do Tribunal**, competia a subsequente **nomeação**;

– **Os Serviços de Apoio** passaram a constituir serviços próprios do Tribunal desintegrando-se do Ministério das Finanças. Ao Presidente competia nomear o Director- -Geral;

– **O Presidente do Tribunal** passou a dispor de poderes de supervisão e gestão dos Serviços de Apoio nos domínios financeiros e do pessoal, idênticos aos que integram a **competência ministerial.**

– O Tribunal aprova os **regulamentos internos** necessários ao seu funcionamento e emite **instruções** indispensáveis ao exercício das suas competências.

b) **Redução do âmbito da fiscalização preventiva (visto):**

– Com esta Lei muitos dos actos da Administração Central anteriormente sujeitos ao Visto do Tribunal de Contas deixaram de o estar — p.ex. promoções de pessoal — restringindo-se essa obrigatoriedade para os casos de **admissão de pessoal na função pública**;
– Alargou-se a fiscalização prévia (visto) às admissões de pessoal na **administração regional e autárquica**;
– Generalizou-se o regime do **Visto Tácito**: todos os documentos, actos e contratos sujeitos a fiscalização prévia consideram-se (tacitamente) visados se não houver qualquer decisão dentro de trinta dias seguintes ao da sua entrada no Tribunal.

c) **Reforço e aperfeiçoamento da fiscalização sucessiva.**

– Ao julgamento de contas tradicional, acrescentou-se a possibilidade de um **controlo selectivo**, dos organismos e serviços de acordo com métodos mais adequados, nomeadamente, o de amostragem;
– A realização de **auditorias e de verificações "in loco"** permitiria um controlo mais eficaz que o controlo tradicional, feito em gabinetes e limitado à análise de documentos;
– Possibilitou-se a **programação anual** das acções de fiscalização do Tribunal;
– Na decorrência da nossa integração na Comunidade Europeia passou a competir ao Tribunal assegurar, no âmbito nacional, a **fiscalização da aplicação dos recursos financeiros comunitários**, em cooperação com os órgãos comunitários competentes.

d) **Elenco das entidades fiscalizadoras**.

O número das entidades sujeitas à jurisdição do Tribunal foi ampliado.

Não obstante permaneceram **fora dos seus poderes de fiscalização as empresas públicas**, as empresas com participação pública, os **processos de privatizações**, e as entidades de direito privado que gerem, às vezes em exclusivo, bens e dinheiros públicos.

3. A implementação desta lei passou por um **grande esforço de organização e qualificação dos meios** humanos tanto a nível do Tribunal como dos seus serviços de apoio.

Foi constante o ajustamento do pessoal às necessidades de um controlo financeiro qualificado, com o **recrutamento de mais pessoal técnico**, com cursos superiores de contabilidade, gestão de empresas, economia e direito.

Em 1990, a participação do **pessoal técnico superior** nos efectivos totais foi de 22,8%, para apenas 8,4% em 1986.

Em 1996 passou a haver cento e oitenta e três licenciados e quarenta bacharéis num total de cerca de quinhentos funcionários dos serviços de apoio ao Tribunal.

Investiu-se ainda na **formação permanente** dos quadros técnicos, a nível interno e externo.

Foram também feitos enormes progressos a nível dos meios materiais tendo sido **implementados sistemas informatizados de gestão processual e financeira**.

Em 1989 **Sousa Franco** assumiu a **independência territorial do Tribunal**, transferindo a sua **Sede** do Ministério das Finanças para o edifício onde actualmente se encontra.

A Lei n.º 86/89 foi assim **a primeira e a grande etapa da reforma do Tribunal de Contas**.

A implementação desta Reforma só não foi mais longe porque o poder político tomou consciência de que **Sousa Franco**, e com ele o Tribunal de Contas, tinham **determinação real de exercer as suas competências** de controlo financeiro **com total independência** dentro da interdependência dos poderes do Estado.

Daí que tivesse ficado em suspenso o alargamento dessas competências ao **Sector Público empresarial**.

Daí sobretudo que tivessem sido colocados os maiores **obstáculos aos sucessivos projectos de diploma legislativo de Sousa Franco** sobre a **orgânica da Direcção-Geral e a estrutura das carreiras** sobretudo dos auditores, indispensável para um eficaz exercício do controlo financeiro externo.

4. No plano internacional, com Sousa Franco, que além do mais era poliglota, o Tribunal de Contas foi projectado para plataforma de maior prestígio para o país.

Inicia-se a cooperação com o **Tribunal de Contas Europeu**, e a participação activa no Comité de Contacto dos presidentes dos I.S.C. da União Europeia.

Desencadeia-se a intervenção sistemática, em seminários internacionais e nas assembleias trienais da **INTOSAI** (International Organisation of Supreme Audit Institutions), sobretudo a partir de 1989 no Congresso de Berlim.

De tal modo que o Tribunal de Contas de Portugal foi eleito para participar nos mais importantes **grupos de trabalho** daquela organização mundial (o controlo da dívida pública).

Por proposta unânime do grupo europeu, foi eleito para **membro efectivo do seu Conselho Directivo**, no Congresso do Cairo em 1995.

De sublinhar o impulso na **Cooperação com os países de língua portuguesa** em parceria com o Brasil, na criação e formação dos tribunais de contas das ex-colónias em Africa.

Antes mesmo do nascimento da C.P.L.P. o **I Encontro dos Tribunais de Contas dos Países de Língua Portuguesa**, sob a iniciativa de Sousa Franco, institucionalizou a cooperação entre as respectivas instituições de controlo financeiro.

5. Em Outubro de 1995 Sousa Franco deixa a Presidência do Tribunal de Contas com muitos projectos pendentes da vontade do poder político.

O **relatório pessoal** sobre o cumprimento do seu mandato à frente da instituição, publicado na Revista do Tribunal de Contas (Janeiro/Junho de 1996), é significativo a esse respeito.

Relatório que contém as **linhas mestras da 2.ª fase da Reforma**, incluindo um anteprojecto da legislação necessária para a sua ultimação.

Aquilo que nesse relatório Sousa Franco confessa não ter conseguido do poder político como Presidente do Tribunal de Contas, por ironia do destino, **veio a realizar como Ministro das Finanças (1995-1999)**.

O alargamento da fiscalização financeira ao **sector público empresarial**, a **nova orgânica e competência do próprio Tribunal** (Lei n.º 98/97 de 26 de Agosto), o regime de **emolumentos** que lhe traria certa independência orçamental, e sobretudo a **reforma da Direcção-Geral e a estruturação das carreiras** dos respectivos serviços de apoio, designadamente as carreiras de auditores e consultores.

6. Mas Sousa Franco foi também durante a sua Presidência do Tribunal de Contas **um Juiz na plenitude das suas competências** a par dos restantes juízes.

É que aquando da entrada em vigor da Lei n.° 86/89 **o Tribunal tinha apenas sete Conselheiros** no activo, dos dezasseis previstos no respectivo quadro para a sua Sede.

O primeiro concurso para o recrutamento dos restantes nove foi demorado.

Entretanto havia que **pôr a funcionar as duas Secções** previstas naquela lei: a 1.ª de fiscalização prévia (visto) e a 2.ª da fiscalização sucessiva, com 4 Juízes cada.

Acumulando com a Presidência, Sousa Franco pragmaticamente passou a ser **relator na 2.ª Secção de processos de julgamento de contas e de auditorias**.

Além de continuar a ser relator, por força da lei, dos processos de **visto sobre os empréstimos públicos**.

Nesta matéria é **notável a jurisprudência que deixou sobre** complexas questões jurídicas colocadas pelas **obrigações gerais da dívida pública** (obrigações do tesouro, certificados especiais, certificados de aforro, abertura de linhas de crédito e empréstimos externos).

Nela se recortam **conceitos, como o acréscimo do endividamento líquido** como limite do montante dos empréstimos autorizados, o **prazo** da dívida, a **renovação provisória da autorização** de receitas do orçamento anterior para legitimar o lançamento de empréstimos públicos enquanto a respectiva lei do orçamento não é aprovada, os **empréstimos públicos subscritos por entidades públicas**.

Tudo é abordado com autoridade académica nos acórdãos por si relatados e todos publicados na II série do *D.R.* conjuntamente com as portarias que lançavam as obrigações gerais.

Deles se vê que, mesmo quando se levantavam dúvidas sobre a legalidade de tais empréstimos públicos, **Sousa Franco propendia sistematicamente a conceder o visto**, deixando para o respectivo Parecer da Conta Geral do Estado o esclarecimento dessas questões.

Isto, sublinha-se, **para não bloquear a actividade financeira do Governo**, que atravessava uma fase complexa.

Corriam os anos de 1991/94 com as dificuldades de obtenção de receitas fiscais e as necessidades de **dívida pública** para financiar o défice orçamental.

Mas foram também notáveis os **relatórios das auditorias** saídos da sua pena em casos tão importantes a nível nacional como os do **Centro Cultural de Belém** ou o processo de privatização da "**Aliança Seguradora**".

Neste último caso Sousa Franco chegou a instaurar um **processo de multa contra o Secretário de Estado das Finanças** por recusa de acesso a documentação por parte dos auditores.

Entre 1990 e Julho de 1994 Sousa Franco foi relator de 434 acórdãos e pareceres, a maioria dos quais publicados no Diário da República.

Era o Tribunal de Contas, mais precisamente Sousa

Franco, segundo acusação de certos políticos de então, como "força de bloqueio" no seu melhor.

7. Não foi pois por acaso que a Lei n.° 7/94 de 7 de Abril veio alterar a Lei n.° 86/89, restringindo competências do Tribunal e sobretudo do Presidente.

Além do mais, mandou aplicar uma norma da lei do Tribunal Constitucional, que dispunha: **"ao presidente não são distribuídos processos para relato".**

O antecedente daquela norma encontra-se no Decreto n.° 130/VI da Assembleia da República, aprovado pela maioria PSD, segundo o qual **os juízes do Tribunal de Contas** "atenta a sua competência fiscalizadora das contas públicas **só podem desempenhar funções docentes** ou de investigação científica de natureza jurídica não remuneradas, **em instituições que não beneficiem de verbas do Orçamento do Estado".**

O Senhor Presidente da República – então o Dr. Mário Soares – requereu a **apreciação preventiva da constitucionalidade daquele diploma.**

Com efeito, uma tal norma feria a **igualdade** do Presidente e dos Juízes do Tribunal de Contas face aos homólogos dos restantes tribunais superiores, que podiam exercer aquelas funções docentes não remuneradas **em quaisquer intituições.**

Mas sobretudo consubstanciava "algo próximo de um **acto individual** por, em termos públicos e notórios, parecer ser o **Juiz Presidente do Tribunal de Contas o destinatário exclusivo e imediato da norma em apreço".**

Ou seja, **Sousa Franco, o alvo do legislador**, isto é, da maioria partidária que sustentava o Governo de então.

Felizmente que, por unanimidade, o Tribunal Constitucional pronunciou-se pela inconstitucionalidade do Decreto n.º 130/VI.

A norma da Lei n.º 7/94 acima citada que veio a prevalecer relativamente à competência do Presidente do Tribunal de Contas foi a confirmação de que se pretendeu **legislar "ad hominem"**.

Os Diários da Assembleia da República onde se contem a **discussão Parlamentar** dos projectos de lei que visavam alterar a Reforma do Tribunal de Contas são elucidativos a este respeito.

Eça, se fosse vivo, desancaria mordazmente as intervenções parlamentares dos deputados que aprovaram essa lei.

Lobo Xavier (CDS), então na oposição, foi dos deputados que mais contestou essa lei pelo seu carácter "ad hominem". De tal modo que o Acórdão do Tribunal Constitucional não resistiu a transcrever o seguinte trecho da sua intervenção parlamentar: **"A preocupação do PSD acaba por ter dois destinatários**: um é o actual Presidente do Tribunal de Contas, Professor Sousa Franco, e o outro o Departamento de Direito da Universidade Católica".

Obviamente que a **revogação da Lei n.º 7/94** foi uma das primeiras iniciativas de Sousa Franco como Ministro das Finanças.

É tempo de terminar.

Sousa Franco foi **o pai do actual Tribunal de Contas**, órgão superior de controlo externo das finanças públicas que ombreira com as homólogos da União Europeia.

Como posteriormente foi, enquanto Ministro das Finanças, **não o pai do défice, mas o pai Euro**, moeda única.

Em tudo o que fazia punha o brilho da sua **profunda cultura**, da sua **alta competência**, da sua persistente **determinação,** da sua inesgotável **capacidade de trabalho.**

Sempre com um sólido **espírito de missão**.

Como aliás ficou bem patente na sua campanha para as eleições ao Parlamento Europeu!

Com a sua morte, **o País ficou mais pobre!**

O ADVOGADO

José Miguel Júdice
(Bastonário da Ordem dos Advogados)

Senhor Presidente da Assembleia da Republica
Senhora Dra Matilde Sousa Franco
Meus Senhores e Minhas Senhoras

Pouco tempo depois de ter iniciado o meu mandato, no meio de dezenas de documentos que diariamente me eram trazidos para eu assinar, vinha uma cédula que com a minha assinatura nela aposta permitiria que um Advogado voltasse a exercer actividade profissional, que a seu pedido se encontrava suspensa.

A suspensão de actividade é obrigatória quando um Advogado é chamado a desempenhar funções incompatíveis, como é a de membro de Governo ou Magistrado (estes últimos são casos muito raros, mas quando acontecem honram a Advocacia e a Magistratura).

Reparei na fotografia que constava na cédula que ia assinar. Retratava um jovem licenciado em Direito, que eu tinha conhecido com aquela cara, quando em 1970 ou 71 fora a Coimbra, convidado de um grupo de universitários em que me inseria, para fazer uma conferência. Era António Luciano Sousa Franco, que assim requeria que lhe fosse permitido voltar à Profissão que como Bastonário eu representava.

Telefonei-lhe a agradecer que voltasse à sua casa, para honrar esta tão velha e nobre profissão com o seu saber e a sua determinação. A cédula seguiu com um pequeno cartão meu que devia dizer algo no sentido do que recordo aqui. Todo o meu contacto com o Advogado Sousa Franco se resumiu a isto. Para além desta troca de impressões, houve uma situação profissional em que por minha sugestão deu ajuda a um velho Cliente e aliás Amigo, mas que nem ele nem eu – seguidores rigorosos do princípio do respeito do segredo profissional – poderíamos ou eu posso agora revelar.

Pouco ou nada conseguiria, portanto, dizer sobre a faceta de Sousa Franco como Advogado. E no entanto não tive dúvida em aceitar o honroso convite que foi feito ao Bastonário da Ordem dos Advogados para aqui usar da palavra em justa homenagem. É que tendo acompanhado a sua vida pública durante mais de trinta anos, julgo poder afirmar que ele possuía todas as características essenciais que definem um Advogado. Correndo o risco de surpreender a Ilustre assistência, sinto-me mesmo capaz de afirmar que ao longo da sua vida ele foi sempre e sobretudo um Advogado.

Afirmar assim algo que a ninguém parecerá evidente exige um esforço de clarificação. Todos os presentes, com diferentes graus e em tempos distintos, conheceram Sousa Franco. Por isso optei pela seguinte metodologia para clarificar a minha afirmação: se eu recordar o que em minha opinião define o Advogado, todos os presentes poderão aferir se no nosso homenageado confluem ou não esses atributos.

A primeira característica que me ocorre ao espirito é a essencialidade para o Advogado de se nortear por valores que, embora sujeitos a processos de evolução, permanecem basicamente estáveis. Essa fidelidade pode ser definida como coerência, como determinação muita segura sobre o essencial (e em relação a isso nunca se pode transigir), como capacidade de definir um azimute e ser-lhe fiel. É isso que permite ir-se para o mar, naufragar ou chegar ao porto almejado, mas seguramente não ir ter a qualquer porto que o acaso ou a bolina faça surgir no horizonte.

Mas o Advogado define-se, ao mesmo tempo, por aquilo a que gosto de chamar jogo de cintura. Nunca se pode considerar um bom Advogado quem não for capaz de se adaptar ao constante fluir da realidade, de em si ter um sistema que impropriamente diria de auto-dialéctica, com base no qual se revê a matéria dada, se analisam as soluções que vão surgindo para as questões, se provoca por um sistema de feed-back a re-entrada no sistema de decisão dos dados que vão nascendo das respostas aos desafios. Deste modo o Advogado – na fidelidade aos valores essenciais – é alguém que evolui, se adapta, altera a sua relação com a realidade.

Em Sousa Franco sempre encontrei ao longo de décadas a mesma coerência essencial. Mas essa coerência foi sendo servida através de mudanças. Ele mudou muitas vezes e em variados aspectos, mas sempre senti que as sucessivas mudanças eram a forma de ser fiel a uma coerência profunda e primitiva.

O Advogado não é, porém, apenas a tensão entre coerência e adaptação. É ainda alguém que assume combates, que gosta do cheiro das contendas, que aceita com alegria a controvérsia e que se define muito por confronto e em contraponto. Quase se pode dizer que o grande Advogado é alguém que gosta de andar à pancada e que optou (por civismo ou falta de músculos...) pela via da combatividade intelectual e activa.

A imagem que guardo de Sousa Franco é, realmente, a de alguém que gostava de andar à pancada, no sentido que atrás menciono. E essa qualidade de Advogado é uma grande e rara qualidade em Portugal, país pequeno em que a generalidade dos responsáveis, das elites, gosta demasiado que gostem deles, teme demasiado dizer algo de que se venha a arrepender, pretende ser sempre politicamente correcto,

Nenhum Advogado que se preze pode afirmar que nunca foi excessivo, nunca exagerou, nunca ousou e se enganou, que nunca se exaltou ou foi agressivo em excesso, que nunca foi injusto. O que define um Advogado é poder ser isso tudo, mas sempre habitado pelo fogo sagrado de convicções que vêm das entranhas do seu ser moral.

Sousa Franco, durante toda a sua vida, foi esse tipo de homem, disse coisas de que se terá arrependido, defendeu causas de que se desgostou, foi violento e agressivo na luta pelo que acreditava estar certo. E foi bom para todos nós que ele tivesse sido assim, que ousasse dizer o que não o protegeria de críticas, de ataques. Por isso foi atacado. E é bom ser atacado, que isso – de novo um atributo conatural ao Advogado – é apanágio de quem fala livremente, não tem donos, não tem patronos e protectores, que não tem e nem gosta de ter chefes, que não é atento, venerador e obrigado perante os poderosos e as autoridades.

Um Advogado quase se pode dizer que é alguém que não consegue gostar da Autoridade e nem faz nenhum esforço por isso. Que não me interpretem mal. Um Advogado tem de ser um servidor do Direito e por isso respeita a autoridade legítima, sabe que sem ela a sociedade descamba na anarquia e que isso é o fim do império da Lei, única realidade que deve ser aceite como superior. Só que o Advogado não existe para cantar hossanas e para se vergar; existe para dificultar, para contrariar, para complicar a vida às autoridades. Existe muito mais para dizer não do que para dizer sim. O Advogado é por essência um Homem livre e independente, é mesmo o paradigma da independência e da liberdade.

O nosso homenageado não se chamava Franco por acaso. Sempre foi capaz de dizer o que pensava, de enfrentar os poderes do dia (quantas vezes os danados do dia seguinte...) e de pagar por isso os preços que tivessem de existir. O Senhor Conselheiro Alfredo de

Sousa acabou agora mesmo de contar algumas histórias que o revelam com clareza e seguramente muitas outras se poderiam chamar à colação.

A sua relação com o Primeiro-Ministro Cavaco Silva foi disso um bom exemplo. Depois da saída do Poder, ao fim de dez anos, foram muitos os que dele foram capazes de dizer coisas horríveis, duríssimas, violentas, procurando arrastá-lo para a lama onde afinal vegetam. Mas quantos deles foram capazes da mais leve dúvida ou crítica nos tempos do poder? Não era fácil, sei do que falo. E Sousa Franco, da sua trincheira do Tribunal de Contas, foi capaz de o fazer. Era Magistrado; mas não deixou de se portar como um verdadeiro Advogado.

O Advogado tem de possuir outra qualidade, muitas vezes esquecida ou menos valorizada, pois é seguramente menos visível do que, por exemplo, a combatividade a que aludi. O Advogado tem de ser um equilibrador de excessos, alguém que contraria por vezes o seu Cliente fazendo-lhe ver o erro por onde quer ir. De certa forma o Advogado deve compensar o seu Cliente: se tímido, deve dar-lhe um suplemento de ousadia; se ousado, deve moderar os seus instintos.

As posições politicas que Sousa Franco foi defendendo ao longo dos tempos – e sobre a qual outros melhor do que eu poderão falar – exprimem em minha opinião essa característica e devem ser lidas nesse contexto. Em vários tempos o seu papel foi claramente o de alguém que procurou equilibrar tendências, impedir ou limitar excessos, fazer vento na direcção oposta à dominante na conjuntura. Evitar radicalismos faz-se por vezes com o radicalismo dos moderados, que nada tem a ver com a paz dos cemitérios ou a calma dos pântanos.

Sousa Franco, em minha opinião, não era um centrista, mas um compensador. Não era alguém atolado na incapacidade de desejar ou acreditar, mas alguém que sendo excessivo por natureza e combatente por tendência, era capaz de perceber melhor do que outros os riscos dos excessos.

Foi um homem que morreu novo e é um Advogado que nos faz falta. Sobretudo nestes tempos em que a Advocacia portuguesa está a tentar adaptar-se às realidades do Século XXI, depois de décadas de resistência à mudança e ao mundo moderno. A sua experiência de Professor Universitário e de Magistrado fariam dele uma personalidade com muitas condições para ajudar à urgente melhoria do sistema judicial português.

Mais do que isso, até. Para além de ter sido um insigne Magistrado, o que confirma que um Juiz não precisa forçosamente de passar pelo Centro de Estudos Judiciários e que um Professor Universitário pode ser Advogado sem com isso perder o selo de excelência, Sousa Franco era um Advogado especializado – e com isso afirmo que o futuro da Advocacia passa cada vez mais pela livre opção dos profissionais em se dedicarem a áreas concretas e não pela tentativa em regra insensata de tudo tratar – e foi um Político que assumiu com naturalidade que a Politica é a mais nobre actividade cívica e não um labéu que destrói por definição reputações.

A sua intenção quando requereu autorização para voltar a advogar – lembro-me bem – era criar o que chamamos por vezes uma "boutique" especializada, agregando a si um grupo de Colegas de elevada qualidade. Como Bastonário afirmo – quase diria que por isso o exijo amigavelmente – que a melhor forma dos seus Colegas de escritório o honrarem é fazer desse projecto uma actividade de sucesso pessoal e profissional, um escritório de excelência, que honre a advocacia portuguesa e contribua para o progresso da nossa profissão.

Muito obrigado

ANTÓNIO DE SOUSA FRANCO
E A SUA INTERVENÇÃO NA IMPRENSA

FRANCISCO PINTO DE BALSEMÃO

Sousa Franco sempre se interessou pelos meios de comunicação social e em especial pela imprensa.

Esse interesse resultava da sua maneira de ser.

Queria saber como as coisas funcionavam. Algumas vezes o recebi no EXPRESSO, quando era Director do jornal. As perguntas eram seguidas. Sabia ouvir, procurava aprofundar. Cheguei a levá--lo, se bem me lembro, à Gráfica Mirandela onde o EXPRESSO então era impresso, ver e ouvir a rotativa vomitar cadernos, altas horas da madrugada, o que para ele não constituía problema porque era um noctívago praticante.

Além disso, entendia a importância dos media, mesmo quando com eles se irritava, o que, conhecendo o seu feitio, acontecia frequentemente. As suas irritações eram, aliás, mais com a estupidez de determinadas notícias ou opiniões, porque ele era implacável com os estúpidos e recusava-se a perder tempo com eles, do que com as críticas frontais.

Sousa Franco era um comunicador, não apenas devido ao seu treino como professor, mas porque sabia contar histórias, fazer um discurso, argumentar num debate.

Esse talento de comunicador utilizou-o e ainda bem em inúmeros artigos e entrevistas divulgados por publicações especializadas, desde as revistas cientificas à EXAME, e por publicações de informação geral, como O Jornal e a VISÃO.

O interesse de António Luciano Sousa Franco pela imprensa manifestou-se também no plano jurídico-político.

Na VISÃO de 17 de Junho, José Carlos Vasconcelos conta um episódio interessante e para mim desconhecido:

Foi em 1973, já ele era doutorado em Finanças Públicas e prof. da Faculdade de Direito de Lisboa, mas ainda pouco conhecido. Nessa época, fase final da ditadura, quando não havia acordo nos Contratos Colectivos de Trabalho (CCT), a decisão competia a uma Comissão Arbitral, composta por um árbitro designado por cada uma das partes (grémio e sindicato) e um terceiro, presidente, escolhido pelos outros dois ou nomeado pelo Ministério das Corporações.

Naquele ano, negociou-se o CCT dos Jornalistas e as divergências eram abissais. Basta referir, no respeitante à tabela salarial, que um redactor ganhava 5.500$00, o Sindicato defendia um aumento para o dobro, 11 mil escudos e o Grémio aceitava pagar um máximo de 6.500$00. Fui o árbitro / advogado do Sindicado e António Luciano Sousa Franco foi o presidente. Reuníamos na velha casa dos seus pais, onde vivia, e desde logo me chamou a atenção que queria saber tudo e o extremo cuidado com que estudava as questões em debate.

Depois, fui vendo que sabia muito das matérias da sua especialidade, mas não era um mero "tecnocrata". Pelo contrário, tinha uma visão humanista, de raiz profundamente cristã, uma diversificada cultura, muitas leituras e um assinalável sentido de humor. Chegados ao fim do nosso trabalho, Sousa Franco deu inteiro vencimento de causa às razões e pretensões do Sindicato, com um aumento salarial de 100%, quando a inflação ainda estava longe dos dois dígitos. Foi, que eu saiba, caso único em 48 anos de ditadura e "corporativismo". De tal modo que, quando se deu o 25 de Abril de 1974, o Ministério das Corporações ainda não tinha homologado a decisão arbitral (e iria fazê-lo?...), o que era indispensável para ela produzir efeito.

Uma decisão que naquela época, tomada por alguém na sua posição, além do mais exigia independência, coragem, convicção, frontalidade, colocar o que se entende ser justo acima de quaisquer conveniências ou "equilibrismos", com recusa de meias tintas e ambiguidades – qualidades de que, até ao fim, daria depois sobejas provas.

A obra mais importante que, nesta área, Sousa Franco nos deixou foi sem dúvida a Lei da Imprensa de 26 de Fevereiro de 1975.

Sousa Franco presidiu à Comissão de Elaboração da Lei da Imprensa nomeado pelo então Ministro da Comunicação Social Sanches Osório em 12 de Agosto de 1974.

Da Comissão faziam parte, além de mim próprio, pessoas tão diferentes como Marcelo Rebelo de Sousa (PPD), Arons de Carvalho (PS), Pedro Soares (PCP), José Silva Pinto e Alfredo Filipe, que representavam o Sindicato dos Jornalistas, Adriano Lucas (Grémio da Imprensa Diária), Rui Almeida Mendes e José Menezes Ferreira, que secretariava.

Estávamos em pleno Verão de 74. Havia já muita controvérsia sobre o modo como a recém reconquistada liberdade de informação estava a ser exercida. Abusos por parte dos órgãos ocupados pelo PCP e seus aliados no MFA, abusos por parte dos saudosistas do salazarismo.

Essa controvérsia reflectia-se naturalmente no seio da Comissão e dificultava o avanço dos trabalhos.

O prazo concedido para a apresentação do projecto de Lei da Imprensa foi curtíssimo: 1 mês. Apesar do ambiente politico revolucionário, apesar do calor, do Verão, das férias, a Comissão completou os seus trabalhos a 12 de Setembro, na data fixada. Durante um mês efectuámos 17 longas reuniões.

Esta proeza – impensável na morosidade complacente dos tempos de hoje – foi, em grande parte, devida a Sousa Franco, ao modo exigente, mas dialogante como presidiu à Comissão, ao excelente trabalho de casa que fez entre sessões, ao talento que demonstrou em sair de impasses que, por vezes, pareciam ir paralisar o avanço dos trabalhos.

A Lei, em si, que só entraria em vigor 5 meses mais tarde, já em 1975, representou um avanço notável na legislação existente a nível europeu sobre a matéria.

Destaco três aspectos que mantém hoje plena actualidade, numa ocasião em que empresas de comunicação social e jornalistas tentam contrapor as vantagens da auto-regulação às tentações regulamentadoras asfixiantes de Governos e reguladores nacionais e da Comissão Europeia.

– A criação de um Conselho de Imprensa constituído essencialmente por profissionais e representantes da opinião pública e com poderes para aplicar sanções. Só mais tarde se politizou e desvirtuou um órgão a que pertenci e que desempenhou um papel importante na definição e aplicação de regras deontológicas.

– A criação dos Conselhos de Redacção eleitos pelas Redacções com poderes vinculativos nalguns casos, como o da escolha de Director das publicações, poderes que vieram a perder em posteriores revisões da Lei de Imprensa.
Continua a ser válida e necessária a existência de Conselhos de Redacção, como garantes da deontologia em cada meio e como defensores do pluralismo sobretudo dentro de Grupos de comu-

nicação social que são proprietários de dezenas de publicações, de rádios, de canais de televisão.

– A obrigatoriedade, que continua a vigorar, da existência de estatutos editoriais em cada meio.

Os estatutos editoriais, infelizmente, nunca foram levados muito a sério e acabaram por ser reduzidos a um conjunto de princípios gerais em vez de definirem clara e pormenorizadamente os objectivos de cada órgão de comunicação social. É pena, porque poderiam e podem ser um instrumento fundamental para definir as relações e obrigações do jornalista com o meio e a empresa onde trabalha e, de novo, para defesa do pluralismo.

Durante os trabalhos da Comissão para a Elaboração da Lei da Imprensa conheci melhor António Luciano Sousa Franco. Trabalhávamos muito em conjunto até porque eu tinha alguma experiência de Leis de imprensa, em virtude da tentativa que fizera, com Francisco Sá Carneiro, de aprovação de uma Lei de imprensa pela Assembleia Nacional em 1971. Conversámos muito – eu dava-lhe boleia de e para Cascais, porque ele não sabia guiar nem queria aprender.

Continuámos a conviver e mantivemos até ele morrer excelentes relações, apesar das divergências estratégicas que o levaram a sair doPSD:.

Era um homem inteligente, trabalhador até à exaustão, divertido. Tinha as suas manias, como todos nós. Mas tinha um coração enorme.

Nunca me esqueço – deixem-me terminar numa nota pessoal – da alegria sincera que demonstrou quando fomos visitar à maternidade a minha mulher que acabara de ter a minha filha Joana. E do que se divertiu quando, na ausência das enfermeiras, raptámos o bebé do berçário e a levámos para o quarto da mãe. As gargalhadas com que entrou no quarto, empurrando com ar triunfante e malandro o carrinho onde estava a Joana ficaram para sempre na minha saudosa memória.

O HUMANISTA

MANUEL PORTO

Tenho um gosto muito especial em corresponder ao honroso convite da Associação Fiscal Portuguesa para escrever algumas palavras sobre o Professor António Luciano de Sousa Franco como humanista, numa sessão em que outros se debruçam sobre outras expressões da sua personalidade invulgar.

Conheci-o há 41 anos, no verão de 1963, numa viagem de estudantes universitários de Lisboa e de Coimbra organizada pelas secções de intercâmbio do CADC e do Instituto Superior Técnico. Nas duas semanas em que percorremos países do centro da Europa, em especial a Áustria e a Suiça, fui-me apercebendo da figura incomparável do António Luciano, então um distinto quartanista da Faculdade de Direito da Universidade de Lisboa.

Quis o destino, para benefício meu, que ao longo da vida fossemos tendo carreiras académicas em alguma medida paralelas: tendo ele sido convidado em 1964 para assistente do Grupo de Ciências Económicas da Faculdade de Direito da Universidade de Lisboa, foi-me formulado um convite similar no ano seguinte, na Faculdade de Direito da Universidade de Coimbra. Depois, foi-me particularmente honroso e grato tê-lo em todos os júris da minha carreira docente, desde o doutoramento até ao concurso para professor catedrático. No dia do falecimento, eramos Presidentes dos Conselhos Directivos das nossas Faculdades.

Tendo desde o nosso primeiro encontro passado a ser visitas frequentes da casa de um e do outro, passámos a encontrar-nos com mais assiduidade quando do estágio de advocacia, que fiz também em Lisboa, em 1966-67. Nunca esquecerei as conversas intermináveis que tinham lugar depois das conferências da Ordem, no Largo de S. Domingos, subindo com mais alguns colegas, entre os quais o Jorge Miranda, o João Bosco Mota Amaral e o Duarte de Castro, a Avenida da Liberdade, e acabando a tomar chá na pastelaria Versailles. Recordo ainda com saudade a tertúlia de jovens licenciados então formada para discutirmos mensalmente assuntos de várias naturezas, em que participavam também, entre outros, o Luís Brito Correia, o Vitor Constâncio, o Paulo Marques e os irmãos Pinto Barbosa, num período em que se avizinhavam mudanças importantes no nosso país.

Os testemunhos do António Sousa Franco reflectiam sempre uma enorme cultura e um enorme empenhamento social, não podendo aliás dissociar-se esta vertente das carreiras académica, profissional e política que foi percorrendo. Sem querer meter a foice em "seara" alheia, na "seara" dos outros intervenientes nesta sessão, não posso deixar de sublinhar que nos escritos que foi produzindo e nos lugares que foi ocupando se reflectiu, não só a sua enorme qualificação, também o seu empenho permanente no progresso da nossa sociedade e dos nossos cidadãos. Assim acontecia também, naturalmente, na sua vida académica, com as preocupações expressadas nas suas dissertações, nas suas lições escritas e orais, nos artigos de revistas científicas e nas conferências proferidas.

Apenas a título de exemplo, poderei recordar que um dos seus primeiros trabalhos académicos, em 1966, foi sobre *A Formação do Capital numa Economia em Desenvolvimento*, seguindo-se, ainda a título de exemplo, trabalhos sobre problemas de emigração, de desemprego e de participação dos trabalhadores na direcção das empresas.

Mas a preocupação social de António Sousa Franco reflectiu--se também nos cargos desempenhados, como administrador da Caixa Geral de Depósitos, como Presidente do Tribunal de Contas, como Ministro das Finanças ou ainda em missões do Banco Mundial, da OCDE e do PNUD. Justificando-se que dê aqui um testemunho pessoal, não esquecerei o modo brilhante como interveio como Ministro das Finanças de Portugal numa Comissão do Parlamento Europeu de que eu era membro, a Comissão Económica, Monetária e da Política Industrial, defendendo, entre outras causas justas e de um modo irrebatível, a manutenção do apoio do Fundo de Coesão aos países que aderiam ao euro.

Tendo solicitações com a maior repercussão pública, nacional e internacional, de índole académica e política, António Sousa Franco encontrava todavia sempre tempo para corresponder aos convites que lhe formulavam para participar em actividades de índole cultural, social e religiosa de âmbito mais limitado e sem publicitação na imprensa.

Assim acontecia designadamente em actividades ligadas à Igreja Católica, da qual era um elemento especialmente qualificado, empenhado e influente, justificando-se que também aqui lembre alguns passos dos contributos proporcionados.

Militou desde muito jovem nas organizações estudantis, da JEC à JUC, de que foi Presidente, tendo sido também director do *Encontro*. Depois, foi militante da LUC e na Acção Católica Portuguesa exerceu os cargos de Secretário-Geral e de Presidente do Conselho Executivo e do Conselho Nacional (ainda de director do *Boletim* respectivo).

Com enorme relevo no nosso país, é de sublinhar o contributo dado à Universidade Católica Portuguesa: tendo sido membro da

Comissão Instaladora da Universidade, da Faculdade de Ciências Humanas desde 1979 e da Faculdade de Direito desde 1989 (foi seu Director entre 1989 e 1995). Ainda agora continuava a desempenhar aqui funções docentes e como membro do Conselho Superior.

Mais recentemente há que sublinhar o contributo dado na renegociação da Concordata entre a Santa Sé e o Estado Português, lembrado de um modo especial na Missa de corpo presente pelo Senhor Cardeal Patriarca de Lisboa.

Participava todavia com o mesmo entusiasmo em solicitações que poderão considerar-se mais modestas, paroquiais e de outras naturezas. Sendo de Coimbra, poderei recordar os contributos dados no CADC, depois no Instituto Justiça e Paz, ou ainda uma conferência aos Guardiões da Sé Velha a que tive também o gosto de assistir, há poucos anos.

Terá sido ainda a sua crença no Homem a determinar o impulso dado como Ministro das Finanças ao processo de privatizações. Será tema desenvolvido por outros oradores, mas não pode deixar de ser sublinhado também no retrato humanista de Sousa Franco. Ao defender, nas suas palavras, "o novo papel do Estado na economia, mais regulador, infraestruturador e supervisor do que produtor de bens", estava a expressar um juízo de confiança no Homem, na sua iniciativa e na sua capacidade; num processo que, para bem de todos e de novo nas suas palavras, com "o suporte da concorrência tem efectivamente conduzido a um aumento da eficiência económica".

Também de grande relevância, reflectindo igualmente o seu perfil humanista, foi o contributo dado por Sousa Franco na área da informação, procurando intransigentemente que fosse assegurada uma plena e responsável liberdade de expressão.

Assim aconteceu num período muito difícil, logo em 1974, como Presidente da Comissão encarregada de elaborar um projecto da lei de imprensa: lei que viria a ser aprovada e se manteve em vigor até 1999. Depois, por indicação da TVI, foi nomeado Provedor do Cidadão Telespectador, com o encargo de analisar as queixas apresentadas pelo público e de presidir ao Conselho de Opinião (Forum dos Telespectadores), funções pioneiras na Comunicação Social Portuguesa (tendo o primeiro relatório anual sido apresentado em Maio de 1994 e a primeira reunião do Forum tido lugar em Julho do mesmo ano).

Compreender-se-á, contudo, que dê por fim um relevo maior ao contributo de Sousa Franco na área da educação, estando esta na base de toda a realização do Homem. Justifica-se pois que lhe tenha merecido uma grande atenção e uma grande actividade.

Além de ser ele próprio um educador de eleição, através do ensino oral e escrito, dedicou-se a tarefas várias de promoção da educação no nosso país.

Poderá começar por referir-se a sua participação no Gabinete de Estudos e Planeamento da Acção Educativa (GEPAE), entre 1965 e 1974, onde elaborou diversos relatórios e integrou várias comissões e grupos de trabalho. Entre outros poderá lembrar-se o relatório sobre "Novas Universidades", de onde saiu o programa de criação das Universidades do Minho, de Aveiro, de Évora e Nova de Lisboa. Em 1972 foi nomeado membro da Comissão Consultiva para a definição da política cultural.

Mais recentemente, tenho uma honra muito particular em recordá-lo, foi Conselheiro do Conselho Nacional da Educação (entre 1988 e 1993), tendo a sua passagem ficado marcada por intervenções de várias naturezas, designadamente como relator de pareceres da maior relevância e como autor do próprio regimento do Conselho. Exprimindo todavia bem as suas convicções e a sua determinação, tendo a sua nomeação sido governamental, cessou funções nesta instituição quando o titular da pasta da Educação apresentou em 1993 um projecto de lei que julgou contrário à liberdade de ensino.

O humanismo de Sousa Franco ficou aliás expressado de forma muito vincada em escritos vários de defesa esclarecida da liberdade de ensino, antes e depois de 1974. Com um conhecimento aprofundado, recorda a pesada herança portuguesa de monolitismo no ensino, vinda do absolutismo do Antigo Regime, quase não desaparecendo no período liberal, acentuando-se no Estado Novo e, na sua perspectiva, mantendo-se uma presença indevida do Estado na actualidade. A sua opinião ficou já bem patente na apreciação feita ao "Projecto de Sistema Escolar Português" em 1970, com um artigo publicado nesse ano. Depois, em artigos mais recentes, post-1974, foi alicerçando de forma exemplar a defesa da liberdade de ensino, tanto a liberdade de aprender como a liberdade de ensinar.

Na sua argumentação, a defesa da liberdade de ensino não se confina ao plano dos valores, sem dúvida só por si decisivo, conforme fica amplamente demonstrado nos seus escritos. Com a sua autoridade como cultor da ciência das finanças, mostra que estão em causa também os recursos do Estado, afinal os interesses dos contribuintes, faceta esta que se justifica que se tenha presente numa sessão na Associação Fiscal Portuguesa. Será sempre melhor lermos as suas palavras, não havendo assim o mínimo risco de desvirtuarmos o seu pensamento e tendo o gosto de o termos presente por mais alguns momentos: sublinhando que "está amplamente demonstrado que o ensino privado é socialmente mais económico do que o correspondente ensino estatal; todos os cálculos comprovam que a dimensão que ele atinge, o grau de iniciativa que liberta, a sensibilidade aos custos e benefícios, proporcionam uma leccionação com maior economicidade que a oficial (mais baixo custo e/ou maior benefício".

O humanismo de António Luciano Sousa Franco não era meramente retórico, como acontece tantas vezes, tomando-se simultaneamente posições que põem de facto em causa a afirmação plena das pessoas e a promoção possível do bem-estar social. Ao acreditar no Homem, tudo fez para que, em termos correctos, fosse ampliada a sua participação na economia, nos meios de comunicação e no ensino.

Voltando a esta área, da maior delicadeza, constata-se que era um humanismo com preocupações sociais. Nunca se resignou, pois, a que a "liberdade" de escolha do estabelecimento de ensino fosse uma liberdade apenas para os ricos: defendendo que o Estado tem a obrigação de dar condições para que os pobres não fiquem limitados nas suas escolhas. De novo nas suas palavras, "trata-se de liberdade que só existirá realmente se não houver discriminação entre tipos de escolas".

Com o desaparecimento inesperado e prematuro de António Luciano Sousa Franco perdemos de facto um grande humanista com preocupações sociais: preocupado com a realização do Homem, *de todos os homens*, em todas as suas dimensões.

A INTERVENÇÃO SOCIAL

Padre Luís de França

Se os deuses de tão ilustre areópago, assim dispuseram, que o presbítero, seja o último na libertação da palavra laudatória, que pode ele fazer senão parafrasear Paulo de Tarso no seu célebre hino aos Coríntios. *"Irmãos aspirai ardentemente aos melhores dons. E vou mostrar-vos um caminho ainda mais excelente: Se eu falasse as línguas dos homens e dos anjos, mas não tivesse solidariedade, seria como bronze que soa ou címbalo que retine"*. Ou seja se eu conhecer e cultivar todas as ciências Jurídicas-Económicas, conhecer e ensinar todos os meandros do direito fiscal, se for mestre na negociação de acordos e concordatas, se eu advogar, pleitear e defender causas, se não tiver solidariedade de nada me aproveitaria.

E assim continua o convertido de Damasco – que era Saulo de seu primeiro nome – quando noutra volta dos seu hino afirma: "Se eu tivesse o dom da sabedoria e conhecesse os mistérios de todas as minhas ciências, mas não tivesse solidariedade nada seria".

Mas um dia à sobremesa, já livre dos encargos do Ministério das Finanças, ousei convidá-lo para pertencer e presidir à Assembleia Geral da OIKOS organização de solidariedade internacional e de ajuda ao desenvolvimento. Mas a resposta veio ao contrário. *Eu*, diz António Luciano *é que me sinto honrado*. E de honras, não foi feita a sua participação na nossa organização. Mas de trabalhos, empenhamento, e identificação sem rodeios com os fins de solidariedade da OIKOS Cooperação e Desenvolvimento.

"Se distribuísse todos os meus bens e entregasse o meu corpo às chamas, e não tivesse caridade de nada me aproveitaria". Não sei se os Coríntios seguiram à letra a admonição do apóstolo das gentes, mas reconheço como muitos dos seus amigos que António Sousa Franco era totalmente desprendido relativamente aos seus bens. Com uma ressalva – a dos seus livros – fonte de disputas domésticas no meio das quais, o padre amigo, não sabia quem apoiar se a Matilde ou o António.

Há dois anos estando em Luanda em mais um Encontro dos Tribunais de Contas dos Países de Língua Portuguesa, o professor Sousa Franco, deu parte do seu tempo, para se encontrar com o representante da OIKOS nesse país e posteriormente transmitir aos associados da OIKOS as suas observações sobre a intervenção social desta organização nesse grande país.

Noutros lugares já foi enaltecida a sua contribuição e a sua intervenção na área específica da doutrina social da Igreja Católica, e com tudo isto não se pense que gostaria de fazer uma canonização do nosso homenageado, mas antes, recolhendo-nos nas memórias que preenchem uma vida, nos desejos que a animam, no mistério que os destinos traçam, evocar com Apollinaire os riscos de aventura, que é todo uma vida. O professor na sua vasta cultura gostaria de ouvir, gostará de ouvir em directo essas palavras que com a vossa licença vou transcrever:

Vous dont la bouche est faite à l'image de celle de Dieu,

Bouche qui est l'ordre même, Soyez indulgens quand vous nous comparez

A ceux qui furent la perfection de l'ordre.

Nous qui guêtons partout l'aventure Nous ne sommes pas vos ennemies

Nous voulons explorer la bonté contrée énorme oú tout se tait.

Pitié pour nous qui combattons toujours aux frontières

De l' ílimité et de l'avenir Pitié pour nos erreurs, pitié pour nos péchés !

Apolllinaire

ÍNDICE

HOMENAGEM DA ASSOCIAÇÃO FISCAL PORTUGUESA
AO PROFESSOR DOUTOR ANTÓNIO DE SOUSA FRANCO

INTERVENÇÃO DO PRESIDENTE
DA ASSEMBEIA DA DA REPÚBLICA
    Dr. João Bosco Mota Amaral   9

INTERVENÇÃO DO PRESIDENTE
DA ASSOCIAÇÃO COMERCIAL DE LISBOA
    Dr. João Mendes de Almeida..   11

INTERVENÇÃO DO PRESIDENTE
DA ASSOCIAÇÃO FISCAL PORTUGUESA
    Prof Doutor Eduardo Paz Ferreira...   13

A FORMAÇÃO UNIVERSITÁRIA DE SOUSA FRANCO
    Prof. Doutor Pedro Soares Martínez   15

ANTÓNIO DE SOUSA FRANCO,
O PROFESSOR, O UNIVERSITÁRIO
    Prof. Doutor Jorge Miranda   19

ANTÓNIO DE SOUSA FRANCO
CULTOR DAS CIÊNCIAS JURÍDICO-ECONÓMICAS
    Prof. Doutor Paulo de Pitta e Cunha   25

SOUSA FRANCO, FISCALISTA
Dr. Doutor António Carlos dos Santos 29

ANTÓNIO DE SOUSA FRANCO O POLÍTICO E O CIDADÃO
Dr. Guilherme d'Oliveira Martins.. 39

O JUIZ
Conselheiro Presidente Dr. Alfredo José de Sousa 45

O ADVOGADO
Dr. José Miguel Júdice 57

ANTÓNIO DE SOUSA FRANCO
E A SUA INTERVENÇÃO NA IMPRENSA
Dr. Francisco Pinto de Balsemão.. 63

O HUMANISTA
Prof. Doutor Manuel Porto 69

A INTERVENÇÃO SOCIAL
Padre Luís de França 77